CB141662

Limites da clínica
Clínica dos limites

Claudia Amorim Garcia

e

Marta Rezende Cardoso

(Orgs.)

Limites da clínica
Clínica dos limites

cia de Freud

FAPERJ
Fundação Carlos Chagas Filho de Amparo à Pesquisa do Estado do Rio de Janeiro

Rio de Janeiro
2011

Instituição de Apoio: FAPERJ

FAPERJ
Fundação Carlos Chagas Filho de Amparo à Pesquisa do Estado do Rio de Janeiro

Organizadores *Claudia Amorim Garcia* e *Marta Rezende Cardoso*

Projeto gráfico e editoração
FA – Editoração Eletrônica

Editor
José Nazar

Revisão
Pedro Henrique B. Rondon /Sandra Regina Felgueiras

Imagens da capa
Paul Klee. Crystal Gradation

Rio de Janeiro, 2011

CIP-BRASIL. CATALOGAÇÃO-NA-FONTE
SINDICATO NACIONAL DOS EDITORES DE LIVROS, RJ

L712

Limites da clínica, clínica dos limites / Claudia Amorim Garcia e Marta Rezende Cardoso (orgs.). — Rio de Janeiro : Cia de Freud: FAPERJ, 2011.

ISBN 978-85-7724-091-3

1. Psicanálise. I. Garcia, Claudia Amorim. II. Cardoso, Marta Rezende, 1954-. II. Brasil. Coordenação de Aperfeiçoamento de Pessoal de Nível Superior.

11-2281. CDD: 150.195
CDU: 159.965.2

27.04.11 27.04.11 025961

Agradecemos o apoio do Programa de Pós-Graduação em Psicologia Clínica da PUC-Rio e do Programa Teoria Psicanalítica da UFRJ assim como o auxílio financeiro da FAPERJ na realização do Simpósio Interinstitucional Limites da Clínica. Clínica dos limites, em 11 e 12 de junho de 2010, no Auditório RDC, PUC-Rio. Este livro reúne os trabalhos apresentados no Simpósio, também organizado por Claudia Amorim Garcia e Marta Rezende Cardoso.

cia de Freud

COMPANHIA DE FREUD EDITORA
Endereço para correspondência: Rua Barão de Sertório, 48 – casa
Tel: (21) 2273-9357 - Fax: (21) 2293-5863
Rio Comprido – Rio de Janeiro
E-mail: ciadefreud@gmail.com
www.ciadefreud.com.br

Sumário

APRESENTAÇÃO

Esta coletânea resultou da realização do Simpósio Interinstitucional *Limites da clínica. Clínica dos limites*, que teve lugar na PUC-Rio em junho de 2010. Esse evento foi organizado conjuntamente por dois Programas de Pós-Graduação sediados no Rio de Janeiro: o de Psicologia Clínica da PUC-Rio e o de Teoria Psicanalítica da UFRJ. A sua meta foi não apenas fomentar amplo debate sobre o tema dos limites psíquicos, contemplando diferentes ângulos da questão, mas também possibilitar um intercâmbio em nível nacional com docentes-pesquisadores do Rio de Janeiro, São Paulo, Minas Gerais, Brasília e Pernambuco. As discussões que então se desenvolveram – e que vieram estimular a preparação dos artigos aqui apresentados – abarcaram, de forma articulada e integrada, as vertentes principais envolvidas nessa problemática, ou seja, a metapsicologia, a psicopatologia e a clínica, sempre tendo como foco a noção de limite, noção de indiscutível relevância para a teoria e prática psicanalíticas contemporâneas.

A iniciativa de realização do Simpósio assim como a publicação desta coletânea de artigos inéditos – cuja produção, como dissemos, vem consolidar os avanços promovidos pela abertura dessa discussão – também encontram sua fonte na presença de grande afinidade entre os interesses de pesquisa das coordenadoras do evento e organizadoras desta coletânea no âmbito de suas atividades acadêmicas e clínicas. Nesse sentido, a presente publicação atesta nosso intuito de continuar aprofundando o debate sobre o tema dos limites em psicanálise, contando com a valiosa contribuição de vários colegas, provenientes de diferentes instituições, que assim compartilham dessa nossa tentativa de promover ampliação da compreensão, dentre outros pontos, do processo de constituição e funcionamento das fronteiras psíquicas e, igualmente, da clínica dos pacientes fronteiriços.

A preocupação com a questão dos limites antecede a fundação da psicanálise. De fato, a dissociação histérica a que se referia Janet, em meados do século XIX, já remetia a algum tipo de divisão e, portanto, de limite que se pensava caracterizar a histeria. É, assim, a partir da sua clínica, na qual se evidenciava a presença de dissociação atribuída ao sintoma histérico, que Freud vem a postular a ideia de uma divisão, inaugural no sujeito, entre consciente e inconsciente, efeito de uma primeira ação de recalcamento, ideia cuja formalização se dá no momento de construção da primeira tópica do aparelho psíquico em 1900. Do mesmo modo, se levarmos às últimas consequências a centralidade do mecanismo de recalque no processo de constituição psíquica, poderemos novamente afirmar que o limite se constitui, de fato, num elemento nuclear da investigação psicanalítica. Finalmente, também no que se refere à segunda tópica, a evidência dos limites entre as instâncias psíquicas, sempre flexíveis e nem sempre nítidos, mas inegavelmente relevantes, aponta a riqueza desta temática em psicanálise. Estamos assim autorizados a sugerir que o tema dos limites é intrínseco à própria construção da psicanálise e de sua teoria do sujeito e permanece como questão pulsante e instigante teórica e clinicamente.

De fato, o campo de pesquisa voltado para a questão dos limites psíquicos vem ganhando, já há algum tempo, amplo espaço e repercussão na nossa área de estudos e de intervenção terapêutica. O limite, entendido como território onde se dão os fenômenos de ordem psíquica e não apenas como linha divisória, passou, então, a ocupar lugar relevante no campo da produção de conhecimento na área da psicanálise. Discute-se a formação dos limites entre o eu e o outro, entre o soma e a psique, entre as diferentes instâncias psíquicas, etc., mas também os limites que encontramos, como dificuldades a suplantar, no fazer psicanalítico hoje. Especialmente nas últimas décadas, este tema passou a assumir maior destaque no campo das discussões psicanalíticas em consequência dos novos desafios com que a clínica atual nos confronta, processo que culminou com o crescente interesse pelos estados limites, configuração clínica com a qual cada vez mais nos defrontamos no exercício de nossa prática clínica.

Dirigindo mais uma vez, então, o nosso olhar para os estados limites, podemos perceber que o estudo dessas situações clínicas, além de propiciar melhor compreensão de problemáticas cada vez mais presentes na contemporaneidade, representa, de fato, um "novo" horizonte a ser investigado. Do ponto de vista do manejo clinico, trata-se de uma forma de organização psíquica à qual os parâmetros tradicionalmente utilizados para a compreensão das neuroses parecem não mais se adequar. Quanto aos principais fenômenos psíquicos envolvidos nessas patologias, apresentam-se como especialmente relevantes a utilização de defesas arcaicas assim como a presença de certas angústias básicas relativas justamente à questão do encontro, ou do "mau encontro", com o outro, aspecto fundamental nessas configurações psíquicas. No que se refere à dimensão de alteridade e sua relevância neste debate, pode-se dizer que ela inclui, ao menos, dois registros estreitamente articulados: o do outro interno e o do outro externo. E, ainda, no plano do pensamento, os estados limites revelam enorme prejuízo à capacidade de representação e simbolização, em muito dificultando o manejo clinico, o que justifica designá-los como estados limítrofes de analisabilidade.

Efetivamente, ao que tudo indica, mais do que nunca é de limites que hoje nos ocupamos no exercício da clínica psicanalítica, limites não apenas no que tange à constituição psíquica dos pacientes que nos procuram e às dificuldades colocadas no âmbito do manejo clínico desses casos, mas também no que diz respeito aos novos espaços não convencionais no interior dos quais a psicanálise vem sendo exercida. Parece, portanto, que estamos continuamente nos deparando com situações que nos remetem a impasses na delimitação de fronteiras, territórios, domínios.

A escolha dos subtemas aqui explorados foi norteada pelo objetivo de fomentar a investigação de alguns dos principais eixos relativos à questão do limite em psicanálise. São contemplados os limites entre o eu e o outro, assim como os limites entre o corpo e o psiquismo, elementos de base situados na reflexão que norteou o referido Simpósio e que são amplamente abordados nesta coletânea. O foco dos trabalhos que dela fazem parte incide igualmente sobre os limites da representação e sobre a dimensão do traumático, aspectos cruciais na análise dos estados limites, como tão bem demonstram os limites que frequentemente se colocam à interpretação na clínica desses pacientes. Essa questão dos limites da interpretação foi objeto central de investigação em diversos artigos desta coletânea.

Dando continuidade a toda essa discussão, e partindo de um ponto de vista mais diretamente psicopatológico, incluirmos também o tema do autismo no conjunto desta reflexão se justifica, dentre outras razões, por constituir um quadro tão marcado pelos impasses advindos do encontro com a alteridade, além de confrontar fortemente o analista com os limites do seu trabalho clínico e também com as suas potencialidades. Ao se contemplar os limites da psicanálise extramuros, buscou-se propiciar maior compreensão sobre os limites encontrados no exercício da clínica psicanalítica em situações que ultrapassam as fronteiras do *setting* dito clássico.

Para dar conta dessas questões, faz-se necessário um investimento cada vez maior, buscando abrir novos caminhos na difícil relação analítica, no campo da intervenção clínica. A coletânea *Limites da clínica. Clínica dos limites* pretende ser uma iniciativa nessa direção. Assim, ao nos propormos a reunir e publicar neste livro as contribuições de nossos interlocutores nesse debate dedicado à problemática do limite em psicanálise, pretendemos amadurecer uma perspectiva de leitura e investigação que nos parece inovadora e envolve temas dos mais fundamentais da teoria e da prática psicanalíticas, tendo em vista, inclusive, os desafios a elas colocados na atualidade.

Claudia Amorim Garcia
Marta Rezende Cardoso

Borda e dobra em psicanálise: sobre o limite na experiência psicanalítica

Joel Birman

I. Versões do limite

Neste ensaio estará em pauta o debate sobre os *limites na clínica psicanalítica*. Este é o *tema* específico e explícito que estará sempre em questão durante todo o desenvolvimento teórico e histórico que vou lhes propor ao longo deste texto. No entanto, é preciso que, antes de mais nada, nos entendamos logo sobre o sentido que deve ser atribuído ao sintagma "os limites na clínica psicanalítica". Isso porque a *leitura* deste sintagma pode ser realizada de diferentes maneiras, admitindo, então, diversas *versões* possíveis. Trata-se, portanto, de questão eminentemente polêmica.

Assim, o dito sintagma pode ser interpretado de duas maneiras que são não apenas diferentes, mas até mesmo opostas. Pela primeira versão existiria efetivamente um limite real na clínica psicanalítica, de forma que esta teria um campo de positividade bem delineado, com fronteiras seguras e bem estabelecidas. Em contrapartida, pela segunda versão o limite seria uma questão crucial para a experiência analítica, de forma que esta experiência estaria sempre confrontada necessariamente com os seus limites, uma vez que estes se imporiam de maneira inexorável, na sua nervura própria, no campo desta experiência.

Pela primeira versão, portanto, a ideia de *limite* assume o sentido claro de ser uma *limitação* efetiva da clínica psicanalítica. Desta maneira, existiria uma *delimitação* da clínica e do campo psicanalíticos, de fato e de direito. Contudo, pela segunda versão, o que existiria de mais fundamental na experiência psicanalítica é o confronto inevitável com a questão do limite, de forma que o encontro com este seria a *condição concreta de possibilidade* para a existência desta experiência, de fato e de direito. Nesta perspectiva, não poderia existir efetivamente a experiência psicanalítica sem que o limite como tal fosse colocado em questão, e de maneira aguda, na cena analítica.

A primeira versão sobre os limites da clínica psicanalítica é a que está mais em voga na atualidade. Pode-se até mesmo dizer que esta versão está decididamente na moda, tanto no campo dos saberes sobre o psíquico quanto em contingentes relevantes do campo psicanalítico.

Por que enuncio isso de forma tão peremptória, afinal das contas? O que estaria aqui em questão?

II. Neurociências e cognitivismo

Nas últimas décadas, a psicanálise, como prática clínica, tem sido permanente e sistematicamente criticada aos quatro ventos. Se seguramente se iniciou nos Estados Unidos (CASTEL, CASTEL & LOVELL, 1979), esta crítica logo em seguida se disseminou também na Europa, atingindo finalmente então também a América Latina.

Esta crítica pretende se fundamentar nos limites efetivos da *eficácia* da terapêutica psicanalítica, considerando aqui como eficácia a conjunção de três dimensões, quais sejam, os efeitos limitados daquela sobre os sintomas das perturbações psíquicas, a longa duração das análises e o seu custo elevado. Pode-se depreender facilmente disso como a crítica em questão conjuga um argumento de ordem estritamente clínica com dois argumentos de ordem social e econômica. Com efeito, além de custar muito caro, a experiência analítica levaria muito tempo, e seus efeitos terapêuticos seriam relativamente precários.

A contrapartida disso, nos registros histórico e teórico, foi a disseminação ostensiva das neurociências em escala planetária, assim como a constituição das terapias cognitivo-comportamentais. Foram estas as fórmulas teóricas inventadas pelo Ocidente para se confrontar decisivamente com a dita pequena eficácia terapêutica da psicanálise e para propor então outros procedimentos clínicos para lidar com as perturbações psíquicas.

Neste contexto, a psiquiatria procurou construir um espaço de existência marcado pela *autonomia* em relação à psicanálise. Este espaço de existência pretendeu ser ao mesmo tempo institucional, social e epistemológico. Isso porque, fundado agora no campo das neurociências, o discurso psiquiátrico passou a reivindicar a sua autonomia em relação à psicanálise, uma vez que anteriormente, desde o início do século XX, a psicanálise ocupava posição primordial no discurso psiquiátrico. Foi em decorrência disso que se constituiu a *psiquiatria dinâmica* (ALEXANDER & ROSS, 1954) nos anos 40 e 50, signo eloquente desta conjunção que seria aquela entre a psiquiatria e a psicanálise. No entanto, este amálgama discursivo foi definitivamente desfeito com a emergência histórica do *paradigma das neurociências* no campo da psiquiatria.

Da mesma forma, a construção teórica do *paradigma do cognitivismo* procurou fundamentar diferentemente o antigo campo do comportamentalismo, conferindo a este outro rigor, e renovado vigor. Com isso, a terapia cognitivo-comportamental procurou criticar igualmente a psicanálise como a psiquiatria, buscando ocupar o seu espaço simbólico e social no campo dos saberes sobre o psíquico.

Além disso, o que me interessa colocar aqui em evidência é que a emergência histórica e a construção teórica destes paradigmas tiveram também efeito crucial no campo da psicanálise, em contingentes importantes deste. Vale dizer, o campo da psicanálise passou a considerar os limites impostos por estes novos paradigmas teóricos, promovendo então uma retração significativa no espaço de legitimidade da clínica psicanalítica. Ao lado disso, a psicanálise passou a se declinar com tais paradigmas teóricos, seja pela inclusão de pressupostos cognitivistas no seu discurso teórico, seja pela constituição desta forma estranha de saber intitulado *neuropsicanálise*, pelo qual a teoria psicanalítica seria conjugada à das neurociências.

No entanto, o que não foi devidamente considerado por tais contingentes importantes do campo psicanalítico é que a questão da eficácia dos procedimentos terapêuticos é um problema de enormes proporções e fonte permanente de grandes polêmicas, que sempre esteve em aberto e que assim ainda continua, de maneira insofismável. Não me refiro com isso apenas aos campos da psiquiatria e da psicologia, mas também e principalmente ao campo específico da medicina. Portanto, nada é mais controverso, no registro estrito da clínica, do que esta problemática nos diferentes campos da medicina, da psiquiatria e da psicologia.

Contudo, não resta qualquer dúvida de que a emergência histórica e a construção teórica dos paradigmas das neurociências e do cognitivismo promoveram um limite ostensivo da clínica psicanalítica em contingentes importantes do campo da psicanálise. Porém, se tais contingentes se mostraram sensíveis ao argumento da *normalização*[1] das práticas terapêuticas no campo dos saberes sobre o psíquico, de forma a estabelecer bricolagens teóricas do discurso psicanalítico com os discursos das neurociências e do cognitivismo, isso evidencia já a existência de uma questão que é efetivamente anterior na história da psicanálise. Vale dizer, esta brecha teórica já existia historicamente no campo psicanalítico bem antes do advento triunfante dos discursos das neurociências e do cognitivismo.

Vou então explicitar agora esta versão dos limites da clínica psicanalítica em toda a sua abrangência teórica.

III. Continuidade, fronteira, território

Assim, a versão teórica do que na clínica psicanalítica se apresentaria como uma limitação seria a contrapartida inequívoca de que o campo analítico seria delimitado, apresentando então fronteiras seguras e bem estabelecidas, como disse acima. Nesta perspectiva, o campo de *positividade* clínica da psicanálise seria circunscrito ao estrito registro das *neuroses*. Estaria aqui o seu campo efetivo de legitimidade clínica, assim como a sua referência nosográfica. Enfim, os limites da clínica psicanalítica seriam esboçados e direcionados pelo registro estrito da nosografia psiquiátrica, legitimada que seria esta pelo discurso da psiquiatria.

No entanto, a circunscrição da clínica psicanalítica nestes limites estritos implicaria a sua identificação efetiva com a *cura-tipo clássica*, tal como este modelo se constituiu, no início do movimento analítico, pelo discurso freudiano. Se do ponto de vista histórico e teórico a referência ao modelo da cura-tipo teve inicialmente a sua importância e sua relevância efetivas,

---

[1] Sobre isso, vide: Foucault, M. *Surveiller et punir.* Paris, Gallimard, 1974; Foucault, M. *Les anormaux*. Paris, Gallimard/Seuil, 1999; Foucault, M. *Le pouvoir psychiatrique*. Paris, Gallimard/Seuil, 2003.

o que ocorreu posteriormente, na história do movimento e da experiência psicanalítica, foi a transformação deste modelo num *cânone,* o que implicou, então, sustentar que a "verdadeira" psicanálise seria aquela que se pautasse pelo dito modelo da cura-tipo, fora do qual estaríamos ante uma "falsa" experiência de análise. Vale dizer, a "falsa" psicanálise não passaria de uma simples *psicoterapia*, da qual já existiriam diversas outras modalidades no mercado simbólico dos bens terapêuticos. Nesta perspectiva, a "verdadeira" psicanálise seria então marcada pela real "profundidade", enquanto a "falsa" seria caracterizada pela "superficialidade", isto é, seria regulada pela persuasão e pela influência do psicoterapeuta sobre o paciente.

No que concerne a isso, é preciso destacar ainda que este cânone da experiência psicanalítica foi cristalizado como tal pela instituição analítica, passando então a regular a formação dos analistas, desde os anos 20, com a constituição do Instituto Psicanalítico de Berlim. Desde então se disseminou internacionalmente, no campo institucional da *International Psychoanalytical Association*, sendo assim devidamente codificado, com regras bastante rígidas e bem estabelecidas.

Neste modelo canônico de análise, deveria existir não apenas um número regular de sessões por semana, como também estas deveriam ter duração fixa. Além disso, o analisando deveria estar deitado no divã e se pautar pelo exercício da regra fundamental, isto é, deveria associar livremente. A contrapartida disso era, para a figura do analista, a regra da atenção flutuante. Esquematicamente falando, era isso o que estava em pauta, enfim, não obstante a existência ainda de outras exigências técnicas, que não são importantes de ser aqui evocadas para o meu propósito neste ensaio.

Contudo, o que se destaca neste modelo canônico da experiência analítica é a definição desta por critérios que seriam estritamente de ordem *formal,* fora dos quais não existiria qualquer *analisabilidade* possível, mas apenas a trivial e vulgar psicoterapia. A dimensão real da experiência analítica, que seria instituída pela constituição do campo da *transferência*, seria oriunda então desta configuração estritamente formal, como se não pudesse se constituir efetivamente em outras condições e com coordenadas diversas de regulação da experiência analítica.

Porém o que caracterizaria efetivamente os limites da experiência analítica nesta versão é a ideia do limite como *fronteira* e o seu correlato, qual seja, o do campo psicanalítico como *território*. Por isso mesmo, a clínica psicanalítica teria uma limitação efetiva, e o seu campo de positividade seria estritamente marcado pela delimitação, como já disse acima.

Contudo, se a ideia de fronteira implica uma linha definida pela *continuidade*, sem a existência de fissuras e de fendas, a contrapartida disso seria a delimitação de um território no seu interior. Seria justamente esta fronteira o que separaria este território de outros territórios similares, isto é, delimitados também que seriam pela existência de fronteiras, pelas quais o primeiro território *confluiria* com os demais, sem jamais se confundir e se superpor a eles.

Assim, se esta versão define a concepção de limite como fronteira bem definida e que delimitaria um território, então o campo psicanalítico estaria delineado como um *Estado* e, como todo Estado, seria marcado pela *soberania*. Inscreve-se, então, desta maneira, a questão do *poder* no campo do território psicanalítico, que pelas suas fronteiras bem definidas estabeleceria limites estritos com os territórios da medicina, da psiquiatria e da psicologia de forma a delinear o seu *lugar* e a sua *posição* específicos no campo dos saberes sobre o psíquico. Enfim, a sua terapêutica seria então bem definida, assim como o seu campo de positividade clínica.

Portanto, nesta versão dos limites da clínica psicanalítica o que se colocaria decididamente em pauta, pelo cânone da cura-tipo e pela positividade clínica do campo das neuroses como o seu correlato, seria uma versão do campo psicanalítico como um Estado, detentor que seria de um território com fronteiras seguras e bem estabelecidas. Enfim, a soberania e a legitimidade da psicanálise decorreriam disso, definindo a sua esfera efetiva de poder.

IV. Descontinuidade, borda, confins

No entanto, numa outra versão sobre os limites na clínica psicanalítica, nos inscrevemos decididamente num outro comprimento da onda sobre o que seja a psicanálise. O que estaria aqui decisivamente em pauta seria então outra concepção sobre o limite, diferente da ideia de continuidade e de fronteira, que delimitaria um território.

Assim, nesta versão outra o limite seria fundamentalmente marcado pela ideia de *descontinuidade*, sendo então *poroso*, de forma que estaria ausente e afastada a ideia da separação estrita entre diferentes territórios que confluem. Com efeito, se na primeira versão o limite como fronteira delimitaria de maneira estrita a oposição entre os registros do *interno* e do *externo*, assim como entre os registros do *dentro* e do fora, pelo estabelecimento de territorialidades limítrofes, em contrapartida, na segunda versão, o espaço poderia se expandir e se retrair pelos imperativos colocados pela vida, pelo outro, pela sociedade e pela política. Portanto, marcado que seria pela descontinuidade e pela porosidade, o limite não seria representado por fronteiras seguras e bem estabelecidas, tampouco delinearia um território devidamente delimitado.

O que implica dizer que o limite assim caracterizado estaria nos *confins*, para me valer de uma metáfora esclarecedora e eloquente enunciada por Pontalis (1974). Identificando-se então com os confins, o limite permitiria a expansão e a retração da territorialidade, de maneira a subverter as oposições entre os registros do interno/externo e do dentro/fora. Estaria em pauta uma concepção do espaço que seria *topológica*, que se diferenciaria então do espaço *euclidiano*, presente na versão inicial que foi acima apresentada.

Portanto, a psicanálise seria um *movimento* que se inscreveria sempre nos confins, colocando efetivamente em questão as fronteiras estabelecidas entre o dentro e o fora, assim como entre o interior e o exterior. Nesta perspectiva, a psicanálise seria um *movimento* (PONTALIS, 1974, op. cit.) – o movimento psicanalítico, como nos disse Freud (1914/1980) – e não uma *instituição*. Por isso mesmo, o discurso psicanalítico realizaria diferentes operações para recortar, fazer circular e remanejar os territórios instituídos da medicina, da psiquiatria e da psicologia, assim como os das ciências humanas e da filosofia, com a sua posição estratégica específica. Com isso, se superpõe e se diferencia destes diferentes territórios e campos, ao mesmo tempo relançando, em outras bases, as oposições entre o interno/externo e o dentro/fora.

Assim, a psicanálise não se constituiria então como um aparelho do Estado, nem teria tampouco a marca majestática da soberania. Com efeito, a psicanálise seria detentora de uma *potência*, se situando aqui a *fonte* efetiva de seu poder efetivo. Inscrevendo-se desta maneira nos confins entre diferentes territórios, a psicanálise estaria decididamente situada no registro da *borda*, para me valer ainda de outra figura da topologia.

Nesta perspectiva, não foi um acaso que nos seus escritos metapsicológicos, publicados em 1915, Freud tenha iniciado o seu percurso teórico com o conceito da *pulsão* (FREUD, 1915a/1968), a que se seguiriam os conceitos de *recalque* (Id., 1915b/1968) e de *inconsciente* (Id., 1915c/1968), respectivamente. O que foi uma maneira de o discurso freudiano enunciar que a pulsão seria o conceito *fundamental* da metapsicologia, pois o recalque e o inconsciente seriam construídos como conceitos derivados, forjados sobre o *solo* do conceito de pulsão. Além disso, a transformação da positividade em passividade, o retorno sobre o próprio corpo, o recalque e a sublimação seriam formas de subjetivação da força pulsional (Id., 1915a/1968, op. cit.).

No que concerne a isso, é preciso sublinhar ainda que a pulsão é, fundamentalmente, movimento. Daí a ideia crucial de que a psicanálise seria um movimento, isto é, o movimento psicanalítico, e não uma instituição (FREUD, 1914/1980, op. cit.). No entanto, a pulsão como força se inscreveria nas bordas e nos confins do aparelho psíquico, especificamente entre os registros do somático e do psíquico (FREUD, 1915a/1968, op. cit.), não se identificando então com a positividade destes territórios, mas recortando-os e remanejando-os pela exigência de trabalho imposta ao psiquismo e pela *ocupação* que realizaria do registro do somático (a transformação da atividade em passividade e o retorno sobre o próprio corpo) (FREUD, 1915a/1968, op. cit.).

Nesta perspectiva, o limite na psicanálise se conceberia sempre como borda e no limiar dos confins, numa linha caracterizada pela porosidade e pela descontinuidade. Neste contexto, o espaço pode se expandir e se retrair. Estaria neste limiar a sua potência efetiva, que poderia conduzir a psicanálise a romper efetivamente com a soberania instituída nos territórios dos saberes sobre o psíquico, delineando então uma outra espacialidade para a experiência clínica.

Pode-se dizer, por conta disso, que, ao se condensar na metáfora do movimento, a concepção de limite na psicanálise colocaria em evidência a presença de um pensamento *nômade*, numa referência teórica ao discurso filosófico de Deleuze e de Guattari (1980, vol. 2, cap. 10). Por se mover pelas bordas e nos confins dos territórios instituídos, assim como nos interstícios das positividades codificadas pelas nosografias, é que o discurso psicanalítico sobre a clínica seria efetivamente marcado pelo nomadismo.

Por isso mesmo, o que caracterizou efetivamente a história da psicanálise como movimento foi a *transgressão* permanente e a *ultrapassagem* sistemática dos limites instituídos, subvertendo o modelo teórico e o cânone da cura-tipo, buscando, assim, ir mais *além* do que estava anteriormente estabelecido no território da própria clínica psicanalítica. Enfim, a expansão do campo da clínica psicanalítica foi sempre o que a caracterizou de maneira eloquente, em diferentes tempos da história do movimento psicanalítico, colocando em questão os diferentes recortes então instituídos das positividades clínicas, assim como as relações instituídas entre o dentro e o fora e entre o interior e o exterior.

É o que se colocará em destaque no que se segue pela evocação dos momentos *cruciais* desta história.

V. Momentos cruciais

Antes de mais nada, o campo das *psicoses*. A inserção destas no dispositivo psicanalítico clássico subverteu efetivamente o modelo da cura-tipo, transformando-o de ponta-cabeça, pois questionava a posição ocupada neste modelo pela figura do analista. Assim, se na cena da cura-tipo a figura do analista ficava numa posição marcada pela benevolência expectante e numa certa passividade, regulada que era pelas demandas da figura do analisante, na experiência com as psicoses, em contrapartida, o analista passou a ser muito mais exigido, pelo que existia de imprevisível e de imponderável para o acolhimento dos analisandos. Com efeito, a inserção do delírio, da alucinação e da passagem ao ato, assim como do silêncio e da passividade radical desses analisantes, introduziu outra economia de forças na cena psicanalítica.

Em decorrência disso, o analista teve que inventar outro *espaço analítico* (VIDERMAN, 1971), marcado agora pela *mobilidade*, no qual se incluíam diferentes *contextos* de ação. Assim, estes passaram a se deslocar do consultório privado do analista para o espaço do hospital, visto que o analisando poderia se internar. Além disso, o analista se inseria no contexto da casa do analisando, assim como no do espaço público da rua. Vale dizer, nestas condições o analista teve que inventar outro espaço analítico, que foi o correlato da variante da cura-tipo que teve que configurar para poder ter acesso à experiência da psicose. Portanto, o que foi colocado aqui em questão não foi a experiência analítica propriamente dita, mas o dispositivo formal da cura-tipo.

Em seguida, o campo das *crianças*. A inserção destas no dispositivo analítico subverteu também o modelo da cura-tipo, transformando-o de maneira radical, pois questionava agora não apenas a posição das figuras do analista e do analisante nesse modelo, mas também aquilo que era considerado como o *material* de análise. Por isso mesmo, a indagação crucial que se colocou era se seria efetivamente possível conceber a existência de análise para crianças no sentido estrito.

O célebre debate entre A. Freud e M. Klein teve a importância decisiva de balizar as coordenadas teórica e clínica que estariam desde então presentes no campo da análise de crianças (KING & STEINER [orgs.], 1998).

Assim, A. Freud sustentava a *impureza* existente na experiência analítica com as crianças em decorrência da não-maturidade emocional e cognitiva, assim como da dependência ostensiva destas em relação às figuras parentais (A. FREUD, 1971). Em decorrência disso, a análise se conjugaria com a *pedagogia*, de forma que a figura do analista se declinaria necessariamente com a do professor (Id., ibid.).

Em contrapartida, M. Klein sustentava posição radicalmente oposta, pela qual criticava a posição teórica e clínica sustentada por A. Freud. Para aquela, com efeito, as crianças poderiam ser igualmente analisáveis como os adultos, uma vez que os registros psíquicos do inconsciente e do fantasma não estariam na dependência da maturidade cognitiva (KLEIN, 1959). Além disso, se a figura da criança não poderia sustentar a fala e a associação livre como a do adulto, sem dúvida, o procedimento do *jogo* para aquela seria o equivalente simbólico do discurso para este (Id., ibid.). Vale dizer, pela mediação metodológica do jogo a análise de crianças seria efetivamente possível de realizar, como a dos adultos.

O terceiro tempo crucial desta história dos limites foi representado pelo campo da *psicossomática*. A escola psicossomática de Chicago, com Franz Alexander e Thomas French, colocou em evidência a diferença entre a *conversão* presente na histeria e a *somatização* presente no sintoma psicossomático (ALEXANDER & FRENCH, 1948). Esta diferença indicava a possibilidade de *simbolização* para aquela e sua impossibilidade para esta (Id., ibid.). Em decorrência disso, o procedimento analítico não poderia ser o mesmo com estas diferentes modalidades de funcionamento psíquico, tendo que ser então construída uma variante da cura-tipo para lidar com a dita somatização psicossomática.

Por isso mesmo, a escola psicossomática francesa formulou, com Marty e M'Uzan, a existência do *pensamento operatório* na forma do funcionamento psíquico psicossomático, que se contraporia nos seus menores detalhes ao pensamento simbólico. Pela consideração desta especificidade psíquica, os analisantes portadores de tais sintomas não poderiam, pelos impasses existentes nos processos de simbolização, ser analisados com os mesmos procedimentos da cura-tipo (MARTY & M'UZAN, 1963).

Além disso, estas novas hipóteses teóricas incidiram decisivamente no campo da medicina clínica, de maneira a promover o remanejamento desta. A importância crucial da figura do médico no ato clínico foi então colocada no primeiro plano, de forma que a problemática da *relação do médico com o paciente* passou a ocupar posição estratégica na tradição do ensino e da prática da medicina (BALINT, 1971). Por conta disso, a *psicologia médica* constituiu-se como disciplina obrigatória na formação médica em escala internacional.

O quarto tempo crucial na interpelação dos limites foi representado pelos campos da *drogadicção* e a *adicção em geral*, a que se articulou posteriormente o campo da *compulsividade*. Dizia-se também inicialmente que estas modalidades de perturbação psíquica não seriam abordáveis pela psicanálise. Isso porque tais pacientes estariam voltados para a *ação* e para a *passagem ao ato*, colocando então limites ostensivos para a prática analítica (CHASSAING ET AL. [orgs.], 1998), centrada no campo da fala e da linguagem.

Não obstante isso, a psicanálise conseguiu também construir formas de intervenção clínica com estas modalidades de sofrimento psíquico. Para isso, no entanto, teve que reinventar o espaço analítico sob outras coordenadas, pelas quais a mobilidade do contexto clínico ocupava posição fundamental, como já ocorria com o campo das psicoses e o das crianças. Com efeito, do consultório ao hospital, passando pela casa do paciente e até mesmo pelo espaço da rua, o dispositivo analítico teve que se reconfigurar para lidar efetivamente com a adicção e a compulsividade.

O quinto tempo crucial desta história de interpelação dos limites foi constituído pelo campo do que foi denominado de *estados limites* propriamente ditos. Desde os anos 70, pelo menos, a comunidade analítica teve que se defrontar com tais modalidades de perturbações psíquicas, cujos sujeitos sofrentes também não se inscreviam no dispositivo da cura-tipo. Em decorrência disso, outro dispositivo clínico teve que ser inventado, pelas bordas do dispositivo clássico.

Nesta perspectiva, alguns autores que tinham sido excluídos da tradição psicanalítica foram devidamente restabelecidos, justamente porque no passado constituíram procedimentos clínicos para se defrontar com estas modalidades de perturbações psíquicas. Este foi o caso de Ferenczi, que inventou a técnica ativa, a neocatarse e a análise mútua. Da mesma forma, Reich foi também evocado e restaurado nas suas leituras psicanalíticas. Em contrapartida, outros autores da contemporaneidade adquiriram maior legitimidade e reconhecimento, como Winnicott, uma vez que forjaram modalidades novas de escuta e de intervenção clínica para lidar com os ditos estados limites (PONTALIS, 1974, op. cit.).

VI. Do indivíduo ao laço social e do espaço privado ao espaço público

No entanto, é preciso evocar ainda outras bordas que foram constituídas nos limites da cura-tipo e que não se restringiam apenas aos territórios nosográficos estabelecidos pela psiquiatria e pela psicologia. Vale dizer, quero me referir às intervenções psicanalíticas realizadas em *âmbitos coletivos*, nas bordas do território da psicologia social, assim como as que se deslocaram decididamente do espaço da clínica privada para o espaço da assistência pública.

No que concerne às intervenções realizadas no contexto coletivo, e não apenas no registro estritamente individual, a clínica psicanalítica passou a se realizar também no campo de *pequenos grupos* e das *instituições sociais*, assim como em *redes comunitárias*. Além disso, a psicanálise passou a constituir uma clínica nos campos da *família* e do *casal*, em diferentes escalas de complexidade. Portanto, a clínica psicanalítica se deslocou decisivamente do registro estritamente *individual* para o registro *coletivo*, incidindo então nas bordas existentes entre os indivíduos e inscrevendo-se decisivamente no registro dos *laços sociais*. Desta maneira, a psicanálise rompeu com as fronteiras estabelecidas entre a psicologia clínica e a psicologia social.

Ao lado disso, a experiência psicanalítica se deslocou também do campo da clínica *privada* e se inseriu no campo da *assistência pública*, passando a psicanálise a realizar intervenções clínicas em ambulatórios e hospitais, assim como em espaços comunitários. Incidiu então nas fronteiras existentes entre os territórios privado e público do sistema de cuidados, se disseminando então pelas novas bordas que se constituíram para a clínica psicanalítica.

Assim, a primeira hipótese de trabalho que se pretende sustentar neste ensaio é que a clínica psicanalítica sempre se inscreveu nos limites, ultrapassando as fronteiras seguras e bem estabelecidas instituídas pelos territórios da medicina, da psiquiatria e da psicologia. Foi nos confins destes territórios, que delinearam as positividades clínicas, que a psicanálise construiu novos espaços e bordas, que reconfiguraram, no limite, o campo da clínica. Portanto, foi pelas bordas que a clínica psicanalítica colocou em evidência a sua criatividade, de forma que foi justamente essa a condição concreta de possibilidade para os saltos conceituais empreendidos pelo seu discurso teórico.

Foi por conta disso, sempre se inscrevendo nos limites, que a clínica psicanalítica realizou a *desconstrução* efetiva do dispositivo da cura-tipo. Rompeu desta maneira com o cânone representado pelo modelo da cura-tipo, configurando então novas modalidades de positividades clínicas. Enfim, foi sempre nos limites do dispositivo da cura-tipo que a clínica psicanalítica evidenciou a sua potência.

VII. Desconstrução do dispositivo da cura-tipo

Este *dispositivo* clínico começou a ser efetivamente colocado em questão no final dos anos 10, no século passado, com Ferenczi. Este começou a registrar e a reconhecer os impasses produzidos pelas linhas de força deste dispositivo, indicando então as limitações clínicas engendradas por este, quando tomado de forma literal e canônica.

Qual era a questão de Ferenczi, afinal das contas? O que se pode depreender do seu percurso, teórico e clínico, ao mesmo tempo, quando inventou inicialmente a *técnica ativa* (FERENCZI, 1919/1974; 1921/1982) e posteriormente a *neocatarse* (Id., 1930/1974; 1933/1982) e a *análise mútua*? (FERENCZI, 1974).

Antes de mais nada, o dispositivo analítico tinha sido transformado num *dispositivo pedagógico*, no qual a figura do analista assumia a condição de *mestre* e a figura do analisante, a do *discípulo*. Em seguida, o discurso do analista tinha se transformado numa *narrativa explicativa* sobre os males de que sofria o analisante, perdendo decisivamente então a sua dimensão de *poiesis* e a sua *metaforicidade*. Finalmente, a figura do analista teria *horror* de se deslocar da posição expectante e supostamente passiva para se inscrever numa posição ativa e interventora (BIRMAN, 2009).

Entretanto, não existiria qualquer passividade na dita postura expectante do analista, pois o analista seria sempre marcado pela atividade, tanto na sua palavra interpretante quanto no seu silêncio. As interpretações forjadas pelo analista, com efeito, seriam materializações efetivas de sua atividade que orientariam e definiriam a direção da experiência analítica (FERENCZI, 1974, op. cit.).

No entanto, ao tomar as coordenadas do dispositivo da cura-tipo numa perspectiva literal e canônica, a figura do analista não podia perceber o que era efetivamente fundamental e decisivo na cena analítica, qual seja, a economia pulsional e erótica que estava sendo encenada pela figura do analisante. Em decorrência disso, não podia intervir pontualmente nesta economia, restringindo-se então a uma leitura mentalista e pedagógica daquilo que era enunciado pelo analisante (BIRMAN, 1988).

Portanto, o que Ferenczi pretendia efetivamente era incidir na estrutura erótica e pulsional do analisante, para se confrontar então com as modalidades primárias do funcionamento pulsional onde a cena psíquica tomava corpo. Com isso, a sua intenção primordial era desatar o nó górdio que estaria presente nas *inibições* psíquicas, assim como nas *somatizações* e nas *compulsões*. Pretendia incidir clinicamente, enfim, não apenas no registro do *sintoma*, mas também no do *caráter*, procurando realizar inflexões nos *hábitos* corporais (BIRMAN, 1988, op. cit.).

Para incidir assim nas bordas da economia do *gozo*, Ferenczi teve que se inscrever com sutileza nos limiares da *compulsão à repetição* (Id., ibid.), tal como Freud a enunciou como problemática no ensaio sobre o "Além do princípio do prazer" (FREUD, 1920/1981). Promoveu então múltiplas consequências e desdobramentos clínicos da hipótese freudiana sobre a pulsão de morte, produzindo descontinuidades efetivas no dispositivo da cura-tipo pela radicalização que promoveu pelo seu confronto com a repetição em análise (BIRMAN, 1988, op. cit.).

Nesse contexto, Ferenczi passou a posicionar a figura do analista na condição do *carretel*, tal como Freud evocou a metáfora evidenciada por este jogo infantil, em "Além do princípio do prazer" (FREUD, 1920/1981, op. cit.). Desta maneira, a figura do analista passou a ser jogada de um lado para o outro pela do analisante, sendo então ora aproximada ora distanciada, de maneira a ser colocada ora como ativa, ora como passiva.

Qual seria a finalidade de Ferenczi ao promover esta reviravolta na cena analítica nas bordas do território da cura-tipo? Nada mais nada menos que promover a mobilidade libidinal do analisante, que estaria cristalizada e incrustada não apenas nos seus sintomas, mas principalmente no registro dos hábitos corporais. Em decorrência disso, o dispositivo analítico foi transformado num *jogo* e até mesmo numa *brincadeira*, cadenciados que seriam os seus lances pelas dimensões do lúdico e do humor (BIRMAN, 2009, op. cit.).

Em decorrência disso, Ferenczi pôde redescobrir não apenas a potência do registro do *infantil* no sujeito, mas também o seu lugar de *originário* no aparelho psíquico (Id., ibid.). Enunciou então esta posição privilegiada atribuída ao infantil em diferentes formulações retóricas, que se transformaram inclusive em títulos de seus ensaios, tais como "Análise de crianças com adultos" (FERENCZI, 1931/1982) e "Confusão de línguas entre os adultos e a criança" (Id., 1933/1982).

O ponto de chegada, na desconstrução do modelo clínico da cura-tipo, foi a subversão que promoveu na concepção do espaço no dispositivo analítico. Assim, se este era considerado como um território com fronteiras seguras e bem estabelecidas, Ferenczi passou a concebê-lo de maneira flexível e com a potência de se desdobrar quase ao infinito. Por isso mesmo, pôde formular a existência da "Elasticidade da técnica psicanalítica" como correlato de um espaço concebido pela plasticidade e sem apresentar fronteiras bem delineadas (FERENCZI, 1928/1982). O correspondente desta concepção renovada do espaço analítico seria, enfim, a da técnica psicanalítica caracterizada pelo *tato* (Id., ibid.).

Pela desconstrução que promoveu do dispositivo da cura-tipo, nos registros teórico e clínico, o trabalho de Ferenczi foi devidamente colocado em destaque por Lacan desde o início do seu percurso teórico em psicanálise, em "Além do princípio da realidade", ensaio que foi publicado em 1936 (LACAN, 1936/1966). Posteriormente, nos anos 50, Lacan sublinhou novamente a importância de Ferenczi para a clínica psicanalítica, por promover a ideia de "elasticidade da técnica psicanalítica" e ao enunciar o conceito de "tato" na experiência analítica, justamente no ensaio sobre as "Variantes da cura-tipo" (Id., 1955/1966, p. 340).

Da mesma forma, no seu célebre livro sobre a "Análise do caráter", Reich destacou também a importância da ação para balançar as cristalizações do caráter e as couraças psíquicas, para que a egossintonia do sintoma fosse transformada em egodistonia e em inquietude psíquica (REICH, 1933/1965). Visava igualmente com isso incitar a mobilidade econômica da pulsão, colocando, assim, em evidência os impasses do dispositivo da cura-tipo.

Por isso mesmo, no seu ensaio sobre os estados limites na atualidade, Pontalis reconheceu devidamente a importância clínica dos percursos teóricos de Ferenczi e de Reich para entreabrir e relançar as fronteiras do campo do analisável (PONTALIS, 1974, op. cit.). Da mesma forma, Miller reconheceu também a importância do trabalho clínico de Reich no que concerne ao caráter, pois estaria já colocando em evidência o registro do *real* na experiência psíquica, tal como Lacan veio posteriormente a desenvolver teoricamente este conceito de maneira sistemática (MILLER, 1997).

VIII. Subjetivação *versus* normalização

Contudo, é preciso que nos indaguemos agora sobre o que estaria efetivamente em pauta nas críticas sistemáticas realizadas por Ferenczi e Reich ao dispositivo da cura-tipo, não obstante as suas diferenças teóricas significativas, de forma que suas teses foram retomadas diferentemente por Pontalis e

Miller para evidenciar os impasses da clínica analítica na contemporaneidade. Nada mais nada menos do que o registro *econômico* da metapsicologia psicanalítica, que Freud alinhou ao lado dos registros *tópico* e *dinâmico* (FREUD, 1915b/1968, op. cit.). Esse registro é que teria sido deixado de lado e num segundo plano pela tradição psicanalítica.

Com efeito, pelo privilégio concedido às dimensões *semântica* e *defensiva* no funcionamento psíquico, o registro da economia psíquica foi deixado de lado pela tradição analítica. Com isso, no entanto, a importância do campo da pulsão é que foi assim colocada num segundo plano e, como já vimos neste percurso, pelo viés da pulsão é que a problemática dos limites teria sido colocada na experiência analítica, em diferentes níveis de complexidade.

Por isso mesmo, no ensaio intitulado "Análise com fim e análise sem fim" (FREUD, 1938/1985), Freud criticou Ferenczi pelos seus comentários sobre o fim da análise, mas se aproximou deste fundamentalmente ao criticar de maneira sistemática o encaminhamento teórico do Congresso Internacional de Psicanálise, realizado em 1936, em Marienbad. Este tinha como tema os fatores da cura em psicanálise e de seus resultados (GLOVER ET AL., 1937).

O que dizia Freud sobre isso, logo no início do seu ensaio? Assim, ao invés de se perguntarem sobre o que poderia promover a cura em psicanálise, os analistas deveriam se indagar sobre o que atrapalharia a realização efetiva da experiência psicanalítica (FREUD, 1938/1985, op. cit.). Isso porque o que promoveria efeitos terapêuticos em psicanálise já se sabia há muito tempo, desde a invenção da psicanálise, qual seja, a *transferência* e o *amor* (Id., ibid.). Porém a questão fundamental é sobre o que seria obstáculo para a implantação da experiência psicanalítica. Com efeito, isso se deveria ao trabalho silencioso da pulsão de morte que, pelo seu efeito de *disjunção*, impediria que a pulsão de vida pudesse empreender as *ligações* psíquicas (Id., ibid.).

Como a indagação teórica de Freud se inscreve no registro dos limites e das bordas da experiência analítica – não se situando então no território conquistado da clínica –, pode-se facilmente depreender disso que, para ele, esta experiência não teria fronteiras seguras e bem estabelecidas. No que concerne a isso, é preciso evocar como as múltiplas rupturas teóricas que o discurso freudiano empreendeu ao longo de seu desenvolvimento sempre se pautaram pela indagação dos impasses e dos limites presentes na experiência analítica (BIRMAN, 1991), de maneira a buscar sempre as bordas evidenciadas nesta experiência.

Por isso mesmo, na leitura que realizou em "Análise com fim e análise sem fim", sobre a experiência psicanalítica, o que estaria em pauta na cena transferencial seria a potência de destruição (FREUD, 1938/1985). Em decorrência disso, enunciou pela metáfora da guerra aquilo que marcaria desde então a cena analítica: a afirmação radical e peremptória de que vence a batalha "quem tiver os batalhões mais fortes" (Id., ibid.), isto é, quem tiver mais força. Com efeito, situada agora entre a *vida* e a *morte*, a experiência psicanalítica se inscreveria então num cenário de guerra, de forma que vence o embate agonístico quem porventura tiver mais força, isto é, a pulsão de vida ou a pulsão de morte (Id., ibid.).

Vale dizer, a experiência psicanalítica não se restringiria mais ao registro da *política*, pautado que seria este pela *palavra* e pela *negociação*, num empreendimento clínico fundado na *interpretação*. Daí por que a figura do analista teria que inventar novos procedimentos para se confrontar com as bordas da destruição. Nas dobras deste limite é que a experiência psicanalítica deveria evidenciar a sua potência e poderia afirmar decisivamente a sua força de maneira eloquente.

Para isso, no entanto, é preciso evocar ainda que a experiência psicanalítica não é uma terapêutica à maneira como esta se realizaria no campo da medicina, que visaria a cura no sentido banal do termo. Ao contrário, por isso mesmo, como a pedagogia e a política, a psicanálise seria então uma prática situada no limite do *impossível* (Id., ibid.). Com efeito, uma vez que o projeto de *governabilidade* do sujeito seria no limite marcado pela impossibilidade, a educação, a política e a psicanálise seriam então práticas impossíveis.

Porém, se a metáfora da impossibilidade se colocou para enunciar a não-governabilidade do sujeito, em diferentes níveis de complexidade (educação, política e psicanálise), de forma a ser introduzida na contramão a metáfora da guerra, isso se deve à referência efetiva ao campo da pulsão que, "como exigência permanente do trabalho" (FREUD, 1915a/1968, op.

cit.), se impõe ao sujeito como imperativo incontornável, conduzindo-o então a ter que se confrontar inequivocamente com os seus limites.

Assim, na contramão do ideário do Congresso Internacional de Psicanálise, realizado em Marienbad, o que o discurso freudiano enunciou no final do seu percurso teórico foi que a psicanálise não pretendia ser uma prática terapêutica, como esta se realizava na medicina, mas uma prática de *subjetivação* (FOUCAULT, 1976). Daí por que a experiência psicanalítica não pretendia realizar a *normalização* dos sujeitos, como a medicina empreendeu desde a aurora da modernidade no final do século XVIII e no início do século XIX (Id., 1963).

Com efeito, justamente porque não pretende realizar processos de *normalização* dos sujeitos, mas processos de subjetivação, é que a experiência psicanalítica recorta e remaneja os territórios de positividades estabelecidas pela medicina, pela psiquiatria e pela psicologia pela sua incidência efetiva nos limites e nas bordas destes territórios. Por isso mesmo, incide de maneira cortante nas *dobras* e nas bordas destes territórios permeados pela estratégia da normalização para relançar o sujeito em outras espacialidades possíveis e, assim, promover para este novas *reterritorializações.*

Referências bibliográficas

ALEXANDER, F. & FRENCH, T. *Studies in psychosomatic medicine*. New York: Ronald Press, 1948.

ALEXANDER, F. & ROSS, H. *Dynamic psychiatry*. Chicago: The University of Chicago Press, 1954.

BALINT, M. *El médico, el paciente y la enfermedad*. Buenos Aires: Libros Básicos, 1971.

BIRMAN, J. "Desatar com atos. Um ensaio sobre Ferenczi e o ato analítico". In: *Percursos na História da Psicanálise*, p. 199-227. Rio de Janeiro: Taurus, 1988.

————. *Freud e a interpretação psicanalítica. A constituição da Psicanálise*. 2ª parte. Rio de Janeiro: Relume Dumará, 1991.

————. "La réinvention de la rhétorique psychanalytique". In: GOROG, J. F. *Ferenczi après Lacan*, p. 141-153. Paris: Hermann, 2009.

CASTEL, F., CASTEL, R. & LOVELL, A. *La société psychiatrique avancée: le modèle américain.* Paris: Grasset, 1979.

CHASSAING, J. L., BALBURE, B., DUFOUR, A. & PETIT, P. (orgs.) *Écrits psychanalytiques classiques sur les toxicomanies*. Paris: Éditions de l'Association Psychanalytique Internationale, 1998.

DELEUZE, G. & GUATTARI, F. *Mille Plateaux, capitalisme et schizophrenie 2*. Paris: Minuit, 1980.

FERENCZI, S. (1919) "Difficultés techniques d'une analyse d'hystérie". In: *Psychanalyse III. Oeuvres complètes* (1919-1926), volume III. Paris: Payot, 1974.

————. (1921) "Prolongements de la 'technique active' en psychanalyse". In: *Psychanalyse III. Oeuvres complètes* (1919-1926), volume III. Paris: Payot, 1982.

————. (1928) "Elasticité de la technique analytique". In: *Psychanalyse IV. Oeuvres complètes* (1927-1933), volume IV. Paris: Payot, 1982.

————. (1930) "Principe de relaxation et neocatharsis". In: *Psychanalyse IV. Oeuvres complètes* (1927-1933), volume IV. Paris: Payot, 1974.

————. (1931) "Analyses d'enfants avec des adultes". In: *Psychanalyse IV. Oeuvres complètes*. volume IV. Paris: Payot, 1982.

————. (1933) "Confusion de langue entre les adultes et l'enfant". In: *Psychanalyse IV. Oeuvres complètes* (1927-1933), volume IV. Paris: Payot, 1982.

FOUCAULT, M. *Naissance de la clinique*. Paris: PUF, 1963.

————. *Surveiller et punir.* Paris: Gallimard, 1974.

————. *La volonté de verité*. Paris: Gallimard, 1976.

————. *Les anormaux*. Paris: Gallimard/Seuil, 1999.

————. *Le pouvoir psychiatrique*. Paris: Gallimard/Seuil, 2003.

FREUD, A. *O tratamento psicanalítico de crianças*. Rio de Janeiro: Imago, 1971.

FREUD, S. (1914) *Histoire du mouvement psychanalytique*. Paris: Gallimard, 1980.

————. (1915a) "Pulsions et destins des pulsions". In: *Metapsychologie*. Paris: Gallimard, 1968.

———. (1915b) "Le refoulement". In: *Metapsychologie*. Paris: Gallimard, 1968.

———. (1915c) "L'inconscient". In: *Metapsychologie*. Paris: Gallimard, 1968.

———. (1920) "Au-delà du principe du plaisir". In: *Essais de psychanalyse*. Paris: Payot, 1981.

———. (1938) "Analyse avec fin et analyse sans fin". In: *Résultats, idées, problèmes*. Volume II. Paris: PUF, 1985.

GLOVER, E., FENICHEL, O., STRACHEY, J., BERGLER, E., NUNBERG, H. & BIBRING, E. "Symposium on the theory of the therapeutic results of psychoanalysis". *International Journal of Psycho-analysis*. Volume XVIII. 2ª e 3ª partes. Londres, 1937.

KING, P. & STEINER, R. (Org.). *As controvérsias Freud-Klein 1941-1945*. Rio de Janeiro: Imago, 1998.

KLEIN, M. *La psychanalyse des enfants*. Paris: PUF, 1959.

LACAN, J. (1936) "Au-delà du príncipe de realité". In: *Écrits*. Paris: Seuil, 1966.

———. (1955) "Variantes de la cure-type". In: *Écrits*. Paris: Seuil, 1966.

MARTY, P. & M'UZAN, M. *L'investigation psychosomatique*. Paris: PUF, 1963.

MILLER, J. A. *La experiência de lo real en la cura psicoanalitica*. Buenos Aires: Paidos, 1997.

PONTALIS, J.-B. "Bornes ou confins?". *Nouvelle Revue de Psychanalyse*, n. 30, p. 5-16. Paris: Gallimard, 1974.

REICH, W. (1933) *Analysis del caracter*. Buenos Aires: Paidós, 1965.

VIDERMAN, S. *La construction de l'espace analytique*. Paris: Denoël, 1971.

As origens do psiquismo em Winnicott e Gaddini

Paulo de Carvalho Ribeiro

Winnicott faleceu antes de concluir o livro destinado a fornecer uma visão de conjunto de suas ideias e cujo título não escondia sua ambição: *Human nature*. Apesar de inacabado, esse livro, que vinha sendo escrito desde 1954, ou seja, 17 anos antes de sua morte, faz jus ao título ao focalizar os fundamentos tanto de uma compreensão abrangente do psiquismo desde suas origens, quanto do manejo clínico das patologias psíquicas em geral e de alguns transtornos psicossomáticos em particular.

Aproximadamente no mesmo período em que Winnicott começava a escrever e organizar as anotações com vistas à publicação de *Human nature*, o psicanalista italiano Eugenio Gaddini dedicava-se ao atendimento de crianças com sérios transtornos psicossomáticos, o que o levou a publicar, no início dos anos sessenta do século passado, alguns artigos nos quais os fenômenos de imitação eram relacionados às origens do psiquismo.

Nosso intuito neste artigo é mostrar algumas confluências entre as formulações teóricas desses dois autores sobre os primeiros momentos da constituição do psiquismo e, a partir daí, apresentar nosso próprio ponto de vista sobre esse mesmo tema. Tomaremos como fio condutor deste trabalho a defesa de uma posição de passividade radical do bebê diante dos fatores externos que sobre ele incidem nesses momentos originários da constituição psíquica e começaremos nossa trajetória com uma apreciação crítica do conceito winnicottiano de criatividade primária.

Winnicott e a criatividade primária

Nos primeiros parágrafos da última parte de seu livro, dedicada à teoria do Eu (*From instinct theory to Ego theory*), Winnicott nos convida a imaginar uma primeira mamada teórica e nos apresenta um bebê com tensões instintivas sendo geradas e no qual se desenvolve uma expectativa (*expectancy*), ou seja, "um estado de coisas no qual o *bebê* está preparado para encontrar algo, em algum lugar, sem saber o quê" (WINICOTT, 1988, p. 100)[1]. Embora esclareça que essa primeira mamada teórica deve ser tomada muito mais como um acúmulo de memórias e eventos do que como um acontecimento isolado e acrescente que a extrema imaturidade do bebê impede que a mesma seja significativa como experiência emocional, ainda assim considera que a qualidade dessa experiência inicial marca todo o desenvolvimento posterior, gerando confiança ou insegurança, de acordo com seu grau de sucesso ou fracasso. Nessa primeira mamada, o bebê estaria pronto para criar o seio, com toda sua significação, e caberia à mãe tornar possível que ele tenha a ilusão de que de fato o criou por um impulso surgido da necessidade.

Ilusão e desilusão são, de acordo com Winnicott, as palavras-chaves para descrever a importância da capacidade de adaptação da mãe às necessidades do bebê. O senso de realidade a ser desenvolvido depende da ilusão de ter criado os objetos externos e não de qualquer tipo de insistência, por parte da mãe, no reconhecimento do caráter externo desses objetos. Propiciar a ilusão inerente à criatividade primária é o que assegura ao bebê a possibilidade de suportar a inevitável desilusão decorrente da progressiva diminuição da capacidade de adaptação da mãe às suas necessidades. A relação vívida e excitada que a ilusão proporciona tem como pano de fundo uma relação calma (*quiet relationship*), de total dependência, na qual a mãe procura assegurar continuidade entre a satisfação completa das necessidades físicas do feto durante a gravidez e a satisfação dessas mesmas necessidades após o nascimento.

Desde o nascimento, então, o bebê começa a viver experiências de ilusão e desilusão que têm o poder de complicar, em diferentes graus, a primeira mamada teórica. Na visão de Winnicott, quando essas complicações não são excessivas, algo muito simples, porém difícil de ser descrito, acontece. Apesar de extensa, a seguinte citação se justifica pela importância do que é descrito:

---

[1] Todas as citações deste livro de Winnicott e de *On imitation*, de Eugenio Gaddini, foram traduzidas por nós.

> É difícil encontrar as palavras certas para descrever este evento simples; mas pode-se dizer que em razão de uma vivacidade (*aliveness*) no bebê, e por meio do desenvolvimento de tensão instintiva, ele vem a esperar (*expect*) algo; e então há uma busca (*reaching out*) que pode rapidamente tomar a forma de um movimento impulsivo da mão ou um movimento da boca em direção a um objeto presumido. Penso que não é despropositado dizer que o *bebê* está pronto para ser criativo. Haveria alucinação de um objeto se houvesse material mnêmico (*memory material*) para uso no processo de criação, mas isso não pode ser postulado com relação à primeira mamada teórica. Aqui o novo ser humano está na posição de criar o mundo. O motivo é a necessidade pessoal; testemunhamos a necessidade gradualmente se transformar em desejo (WINNICOTT, 1988, p. 102).

Winnicott atribui à criatividade primária enorme importância e não hesita em associá-la a uma série de questões centrais não só da psicanálise como também da psiquiatria, da pediatria e mesmo da filosofia. Entre essas questões ele inclui, por exemplo, os cuidados (*management*) que médicos e demais profissionais da saúde devem ter com as mães e os bebês nas primeiras horas e dias após o nascimento, o problema filosófico sobre o significado da palavra "real" e a clivagem do psiquismo em pessoas esquizoides e esquizofrênicas. Isso não o impede, no entanto, de colocar em questão a existência da criatividade primária ao considerar a hipótese segundo a qual os seres humanos seriam capazes apenas de projetar o que foi previamente introjetado. Embora se posicione claramente a favor de sua existência, a pergunta de Winnicott "existe ou não existe uma criatividade primária?" (WINNICOTT, 1988, op. cit., p. 110) é fundamental justamente por tocar no ponto que nos parece mais sensível e delicado de sua teoria, a saber, a pressuposição de uma instância psíquica presente no bebê desde as primeiras horas de vida, ou até mesmo desde antes do nascimento, à qual poder-se-ia atribuir a capacidade de percepção e de delimitação de um espaço "ME" passível de se opor a um "not-ME". O problema que aqui se coloca não é simples e torna-se ainda mais complexo quando tentamos encontrar nas proposições do próprio Winnicott uma definição do estatuto desse "ME". Ao falar do estágio pré-natal, ao mesmo tempo que reconhece que a grande questão a ser respondida diz respeito ao momento em que o ser humano começa a experienciar/perceber (*to experience*), ele afirma também que existem evidências da capacidade do feto de reter memórias corporais e que, a partir de determinado momento anterior ao nascimento, nada que um ser humano experiencia é perdido (Id., ibid., p. 126-127). Aqui, a questão decisiva que se impõe e permanece sem resposta é a seguinte: qual a relação do "começar a perceber" com a memória corporal? Em outros termos, o "começar a perceber" e a "memória corporal" são fenômenos de mesma ordem e simultâneos? Ou são fenômenos que se distinguem pela presença de um agente da percepção, um *ME* que ainda não existe quando se trata de uma memória cujo caráter corporal indica justamente sua ausência? Essa questão ganha ainda mais relevância quando constatamos que Winnicott dedica um capítulo de seu livro ao problema da localização da psique no corpo, chamando atenção exatamente para o fato de que essa localização, longe de ser um fato assegurado, é uma conquista que pode ser abalada em diversas situações de falha no atendimento de necessidades, ou mesmo de doenças. É possível, então, pensar num corpo parcial ou totalmente desconectado do *ME*; logo, numa memória corporal sem um sujeito psíquico.

Assim como tendemos a pressupor como natural e assegurada a localização da psique no corpo, também estamos sempre inclinados a tomar como certa a integração do psiquismo que se manifesta na forma de um *self* coeso. Aqui também Winnicott nos adverte sobre a impropriedade dessa inclinação e traz mais elementos que acrescentam dificuldades à definição do estatuto do *ME* em sua teoria. Um estado de não-integração (*unintegration*) inicial é postulado e associado ao conceito de *ego-nuclei* (núcleos-egoicos) introduzido por Edward Glover. Não deixa de ser curioso observar a escolha de termos como "ego" e "núcleos" para designar um estado de não-integração no qual prevalece a inexistência de consciência (*awereness*); parece-nos uma forma paradoxal de preservar um germe de *ME* no instante mesmo em que se teoriza sobre sua inexistência inicial. De qualquer forma, o que mais interessa é o reconhecimento, por parte de Winnicott, de que somente após a promoção da integração pelo ambiente, ou seja, somente a partir da eficiência dos cuidados físicos, que nesse período inicial se confundem com cuidados psíquicos, um *self* coeso poderá tornar-se consciente (*aware*). Estaríamos, então, autorizados a concluir que o *ME* surge apenas após a integração promovida pelo ambiente e que, em vez de anteceder o *self*, como Winnicott dá a entender, se confunde com ele?

Responder afirmativamente a esta indagação significa dar uma resposta negativa à pergunta formulada pelo próprio Winnicott sobre a existência ou não da criatividade primária. Ainda que não concordemos com ele quando afirma que a alternativa seria admitir que o ser humano apenas projeta o que foi previamente introjetado, não hesitamos em defender a existência de fenômenos constitutivos do psiquismo totalmente independentes e anteriores à existência de qualquer instância equivalente ou mesmo semelhante a tudo o que se pode designar com o pronome *ME*. Os conceitos de introjeção e projeção, assim como os de incorporação e excreção, também mencionados por Winnicott em associação com os primeiros, sugerem fortemente a existência de um sujeito da ação, o que mantém intacta a ideia de um processo originado no bebê e não no outro, ou seja, no adulto cuidador. A necessidade de superação deste ipsocentrismo que insiste em prevalecer nas teorias sobre a constituição psíquica já foi assinalada por vários autores, como Laplanche[2] e Stoller[3], para citar apenas aqueles cujos pontos de vista sobre a questão já tivemos oportunidade de discutir em outros trabalhos (RIBEIRO, 2007). Qual seria então a alternativa para pensarmos o surgimento do *ME* a partir do outro sem desconsiderar a riqueza da contribuição de Winnicott sobre os primeiros momentos de vida do bebê, e inclusive alguns aspectos do que ele descreveu como criatividade primária? Entre os vários elementos do pensa-

---

2 Ver, por exemplo, a seguinte afirmação contida no artigo "Implantation, intromission" de Jean Laplanche: "Projetar, introjetar, identificar-se, foracluir etc. Todos esses verbos com os quais a teoria psicanalítica trabalha para descrever os processos psíquicos têm em comum o fato de ter como sujeito o indivíduo em questão: *eu* projeto, *eu* introjeto, *eu* denego, *eu* recalco, *eu* foracluo, etc. O que é que foi, como no caso de Aristarco, escotomizado? Simplesmente essa descoberta de que *o processo vem originalmente do outro*. Os processos em que o indivíduo manifesta sua atividade são todos secundários em relação ao tempo originário que é aquele de uma passividade: a mesma da sedução" (1992, p. 357, tradução livre).

3 Ver a seguinte afirmação de Robert Stoller: "As palavras 'incorporação', 'introjeção' e 'identificação' conotam uma atividade motivada, dirigida a um objeto que não é reconhecido como parte de si mesmo. Isso significa que deve haver uma psique (mente) suficientemente desenvolvida para apreender o objeto (parcial) e desejar alojá-lo no interior de si [...]. Mas nossa teoria deve também reservar um lugar para outros mecanismos, não mentais (quer dizer, não motivados pelo indivíduo), graças aos quais a realidade externa possa também encontrar seu lugar no interior" (1978, p. 211, tradução livre).

mento winnicottiano que nos estimulam a avançar nesta direção queremos destacar duas passagens particularmente apropriadas para os fins a que nos propomos aqui. Na primeira delas o caráter de protagonista desempenhado pela mãe no processo de sua própria criação pelo bebê convida a uma total inversão de vetores da criatividade primária.

> A mãe, que foi capaz de atender às necessidades mais primitivas pelo simples fato de dispensar cuidados físicos, está agora num novo papel. Ela tem que se deparar com um momento criativo específico e ter conhecimento disso por meio de sua própria capacidade de identificação com o bebê e da observação do comportamento dele. A mãe está esperando para ser descoberta e não precisa ter uma apreciação intelectual do fato de que tem que ser criada pelo bebê para desempenhar seu papel e ser novamente criada por cada bebê (WINNICOTT, 1988, op. cit., p. 102-103).

Uma mãe que se depara com a tarefa de ser criada pelo bebê e que precisa desempenhar um papel nessa criação nos leva a concluir que ela é a protagonista e a dona das iniciativas. Seria, portanto, mais apropriado pensarmos que ao invés de se identificar com o bebê, como afirma Winnicott, ela o identifica com sua própria iniciativa de criá-lo, ou seja, injeta nele, sem necessariamente se dar conta disso, a criatividade que lhe atribui. De fato, na sequência da passagem citada acima, Winnicott é ainda mais explícito a respeito da posição ativa da mãe, ao falar de uma determinada potência (*kind of potency*) que ela deve imprimir ao seio para ajustá-lo à boa medida entre o excesso e a falta de estimulação (o *overfull breast* e o *completely quiescent breast*). Para isso, continua Winnicott, "ela é enormemente ajudada pela experiência da potência genital de seu homem" (Id., ibid., p. 103). *Podemos, então, concluir que, à semelhança de um pênis túrgido que penetra o corpo materno para fecundá-lo, o seio potente da mãe penetra o corpo do bebê para inoculá-lo com a "criatividade" que ele está apto a receber, mas que não possui primariamente. Do nosso ponto de vista, então, o bebê não criaria nem introjetaria nada; o seio lhe seria injetado juntamente com a potência criativa da mãe.*

Para avançarmos um pouco mais nessa mesma direção, a apreciação de outra passagem poderá nos ajudar. Trata-se de breve menção ao olhar do bebê, feita por Winnicott num momento de aprofundamento e detalhamento de sua concepção dos estados primários do ser, quando ele leva em consideração o que ele mesmo denomina de "estágios pré-primitivos". Nesses estágios, a impossibilidade de se pensar o "ser humano individual" como a unidade, posto que um tipo de arranjo indivíduo-ambiente (*environment-individual set-up*) é o que ocupa o lugar dessa unidade, conjuga-se com a inexistência de um *self* capaz de diferenciar entre *ME* e *not-ME*. É interessante assinalar que, apesar da inexistência de um *self* e de uma unidade individual, Winnicott não abre mão da existência de um *ME*, mesmo que indiferenciado do *not-ME*. A menção ao olhar do bebê vem tornar essa pressuposição do *ME* ainda mais problemática.

> Quando olhamos, vemos uma mãe e vemos um bebê desenvolvendo-se em seu útero, ou seguro em seus braços, ou de outra forma sob seus cuidados. Mas se olhamos através dos olhos do bebê (*if we look through the baby's eyes*), nós ainda não alcançamos o estágio no qual existe um lugar de onde se vê. Mesmo assim o germe de todo desenvolvimento futuro está lá... (WINNICOTT, 1988, op. cit., p. 131).

A frase "se olhamos através dos olhos do bebê" comporta duplo sentido tanto em inglês quanto em português: podemos entender tanto que se trata de se colocar no lugar do bebê que olha, quanto de olhar nos olhos do bebê, ou dentro dos olhos do bebê. Ambas as formas levam à mesma conclusão, a saber, os olhos do bebê, mesmo que estejam aptos a ver, ainda não podem olhar, ainda não dispõem de um "lugar" de onde se vê, ou seja, não dispõem de um agente da percepção. Como, então, conciliar essa concepção dos estágios pré-primitivos com a existência de um *ME*? Não seria o caso de pensar que aqui também a criatividade depende da potência criativa do outro, de sua capacidade de penetrar os olhos do bebê para neles injetar o lugar de onde se vê?

Em continuidade com a questão anteriormente destacada por Winnicott sobre o momento em que o bebê começa a experienciar/perceber, uma outra se impõe a ele quando aborda os estados mais iniciais (*the earliest stages*) e é formulada nos seguintes termos: como é feito o contato entre o bebê e o ambiente? A utilização de diagramas que representam o bebê no útero e logo após o nascimento tem por finalidade facilitar a compreensão das vicissitudes desses primeiros contatos e seus efeitos sobre os sentimentos de continuidade do ser e da existência (*continuity of being* e *continuity of existence*) necessários à saúde física e psíquica do bebê. Aqui também Winnicott parte da pressuposição de que existe uma organização central (*central organization*) capaz de perceber experiências tais como as sensações corporais advindas dos movimentos intrauterinos e de associá-las com a continuidade ou intermitência do ser e da existência. Duas categorias básicas de contato são descritas: uma em que os movimentos partem do indivíduo e descobrem o ambiente, como no caso dos chutes que o feto desfere contra a parede uterina; outra, em que o movimento parte do ambiente e atinge o bebê na forma de uma imposição (*impingement*). À primeira dessas categorias de contato Winnicott associa a continuidade dos processos vitais, ao passo que a segunda categoria acarretaria reações cujos principais efeitos seriam o sentimento de interrupção desses processos e o retorno ao isolamento. A situação de isolamento é ilustrada por dois círculos concêntricos em que o interno não toca o externo em nenhum ponto; a situação de contato desejável é representada por uma pequena protrusão do círculo interno que assim toca o externo e, finalmente, na situação de *impingement*, uma invaginação produzida por uma seta que vem de fora faz com que o círculo externo toque o interno.

Não é difícil perceber a relação desses diagramas com a primeira mamada teórica e a criatividade primária, ainda que saibamos que as situações por eles representadas têm abrangência muito maior. Consideramos que podemos ser inteiramente fieis às proposições de Winnicott ao associar a situação do contato desejável com o justo posicionamento do seio no momento mais propício para que o bebê o encontre em condições ideais para ter a ilusão de que o criou. Da mesma forma que podemos associar o *impingement* à intrusão do seio num momento totalmente desfavorável à criação dessa mesma ilusão. Poderíamos ainda pensar essas duas situações a partir do modelo do trauma e concluir que, admitindo a existência prévia de um "centro organizador" ou de um espaço *ME*, a segunda seria traumática e desintegradora, enquanto a primeira resguardaria a integridade e continuidade do ser e da existência. Antes de nos posicionarmos de forma crítica frente a essa distinção clara entre formas traumáticas e não traumáticas de interferência do ambiente na constituição psíquica, trataremos de apresentar algumas ideias de Eugenio Gaddini em que os fenômenos de imitação são considerados em associação com a situação do feto e do bebê sob a influência do ambiente.

Gaddini e o "imitar para ser"

Gaddini apoiou-se na constatação de que muitos processos mentais tomam como modelo processos corporais para defender a tese de que as modificações corporais impostas ao bebê pelos estímulos provenientes do meio externo (particularmente dos outros) induzem processos mentais correspondentes, de tal forma que os fenômenos de imitação involuntários, produzidos pelos estímulos do adulto, funcionam como uma espécie de substrato físico dos primeiros processos psíquicos. A própria percepção é vista por Gaddini como um mecanismo ligado à imitação: "O lactente percebe, inicialmente, ao modificar seu próprio corpo em resposta a um estímulo. Assim, o lactente não percebe o estímulo propriamente dito, mas a modificação de seu corpo" (GADDINI, 1969/2001, p. 46).

Essa constatação permite avançar da percepção corporal rumo à concepção do surgimento da capacidade de autorrepresentação. Trata-se, portanto, de uma formulação teórica muito próxima, se não equivalente, da ideia freudiana de um eu corporal dando origem a uma instância psíquica pelo surgimento de uma projeção ou representação mental da unidade corporal: "[...] o modelo biológico 'imitar para perceber' se modifica em seu modelo psíquico paralelo, no qual 'perceber' torna-se 'ser'. 'Imitar para perceber' se transforma então em 'imitar para ser'" (Id., ibid., p. 47).

Visando estabelecer uma aproximação dos primeiros fenômenos de imitação observados por Gaddini com algumas das formulações de Winnicott sobre o que ele mesmo denominou de estágios "pré-primitivos" do ser, abordaremos aqui as observações originais do psicanalista italiano sobre bebês acometidos de mericismo ou ruminação, condição patológica que se instala a partir do segundo mês de vida, sempre precedida de um desmame abrupto ou de alguma outra forma de frustração traumática relacionada à amamentação. Esse transtorno é precedido pela ocorrência de vômitos, que logo cedem lugar a um quadro de ruminação incoercível, descrito por Gaddini da seguinte forma: após um curto período de grande tensão e de estimulação rítmica da porção posterior do palato duro com os dedos, o bebê consegue fazer refluir até a boca uma grande quantidade de leite, adquire então uma expressão semelhante a um êxtase e deglute novamente o conteúdo do refluxo, para exibir, na sequência, a expressão de saciedade e relaxamento típica dos bebês ao abandonar o seio após a mamada. Gaddini vê esta condição patológica – e muitas vezes fatal – como uma imitação primitiva da experiência alimentar da qual o bebê foi privado: "a criança mericista imita [...] a experiência alimentar que faltou, alimentando-se por si mesma, até o ponto de reproduzir a experiência física de completude" (Id., ibid., p. 205).

Mas é preciso, do nosso ponto de vista, ir às últimas consequências do poder da imitação inicial e admitir que nesses casos de mericismo deparamo-nos com uma modalidade mais radical e impressionante da imitação-alucinação da experiência de satisfação: a ruminação deve ser vista como a imitação do seio pela mão e pela porção superior do trato digestivo do bebê; o dedo e parte da mão introduzidos na boca, juntamente com o refluxo que a preenche de leite, são uma imitação do seio no ato da amamentação. O mericismo pode, então, ser visto como uma imitação primitiva elevada à sua máxima potência e, acima de tudo, nos leva a concluir que a força de uma experiência sensorial pode ser exacerbada pela ausência do objeto que a causou; logo, que a experiência não se extingue de forma imediata com a cessação do contato com o objeto que a produziu. Isso significa que a experiência sensorial pode descolar-se do estímulo e esse descolamento pode nos ajudar a pensar a relação entre a imitação e a memória corporal à qual se refere Winnicott. Estas não são conclusões de Gaddini e exigem maiores explicações de nossa parte. Para isso, começaremos pela consideração de uma rápida menção que ele faz ao provável papel da memória na solução do problema que lhe parecia fundamental:

> O que nós ignoramos e esperamos conhecer pelas disciplinas que estudam o funcionamento corporal é como um modelo físico pode ser convertido em um modelo paralelo psíquico, quer dizer, como o funcionamento físico dá nascimento ao funcionamento diferenciado da psique (GADDINI, 1969/2001, op. cit., p. 197-198).

Este mesmo problema é retomado algumas linhas adiante, em meio a considerações sobre o papel da vida intrauterina na formação de um funcionamento mental ativo. Gaddini admitia a possibilidade de que o espaço exíguo e bem definido do feto intraútero seria o precursor da delimitação corporal do *self*[4]. Os movimentos do feto dentro do útero levariam ao "aprendizado fisiológico" de um limite que, ao se contrastar com o espaço ilimitado pós-nascimento, incrementaria uma atividade mental de base, fundada na busca de contenção e condizente com a função de *holding* descrita por Winnicott. Essa vivência intrauterina de limite produziria, portanto, uma forma de memória cuja participação na passagem do funcionamento físico para o psíquico é sugerida por Gaddini nos seguintes termos:

> [...] o começo do processo de diferenciação da psique em relação ao corpo poderia situar-se em certo estágio do crescimento intrauterino. Gostaria de assinalar a este propósito que a aquisição de um modelo paralelo não parece possível antes que se estabeleça a "memória" de um modelo fisiológico. A memória poderia representar um ponto fundamental para a passagem do funcionamento fisiológico para o funcionamento psíquico e, em termos de desenvolvimento, dar a indicação do momento no curso do qual essa passagem torna-se possível na vida intrauterina (Id., ibid., p. 199)

Se nos propusermos a traduzir essa hipótese em termos dos mecanismos de "imitar para perceber" e "imitar para ser", poderíamos associar a experiência sensorial pré-egoica de contenção intrauterina como o grau zero da imitação: o "toque" do saco e do líquido amnióticos no corpo do feto coincidindo com o "toque" do feto no ambiente amniótico, ou seja, uma percepção pela "imitação" num momento fundador, em que esta última ficaria reduzida à simples reciprocidade inerente ao contato. Num segundo momento, o espaço infinito pós-nascimento acionaria, pela falta, a memória fisiológica desse contato, à qual viria se sobrepor o toque do outro e sua função de *holding*, que é um forma de imitação da contenção uterina feita pelo adulto cuidador. O eu-corporal, que aqui coincidiria com um eu-pele

---

[4] Termo empregado por Gaddini.

propriamente dito, seria então o resultado da atualização, pelo *holding*, dessa memória fisiológica da contenção intrauterina. Se, como assinalamos acima, no ambiente intrauterino a imitação se reduzia à mera reciprocidade inerente ao toque, após o nascimento podemos supor que a delimitação corporal e a sensação de unidade se produziriam pela imitação do próprio *holding* induzida na criança. Neste segundo momento, não se trataria apenas de uma contenção ou delimitação física dos limites corporais, como no caso do útero, mas também de uma intencionalidade de quem promove a contenção, o que nos leva a pensar numa imitação tanto da dimensão física quanto da psíquica ou afetiva do *holding*. Por ser uma imitação cujo efeito é a delimitação de um corpo, por incluir uma dimensão de intencionalidade ligada aos afetos e por estar relacionada com uma vivência corporal de privação (a perda da contenção uterina), ela favoreceria a diferenciação eu-outro e o surgimento das primeiras representações de si, revelando-se assim o protótipo do imitar para ser.

Conclusão

Comparando, agora, as formulações de Winnicott e Gaddini sobre os momentos iniciais da percepção, e que nos permitiram lançar hipóteses sobre o surgimento de uma primeira autorrepresentação necessária para que o bebê tome consciência de sua própria existência, podemos dizer que a principal diferença entre os dois autores situa-se na suposição, por parte de Winnicott, de que a percepção dos acontecimentos intrauterinos já encontra uma organização central, ou seja, um *ME* preexistente, ao passo que Gaddini lança mão do conceito de "memória fisiológica", deixando claro que se trata de uma memória destituída de um agente ou de qualquer forma de instância de autorrepresentação. É possível, então, concluir que a questão que formulamos anteriormente sobre a relação, que Winnicott deixa em aberto, entre o começar a perceber, a memória corporal e a existência ou não de um *ME* encontra em Gaddini uma resposta clara a partir da concepção de uma memória fisiológica pré-representacional. De forma resumida, podemos dizer que Gaddini nos convida a pensar uma primeira percepção imitativa capaz de gerar uma memória fisiológica da superfície corporal cujo posterior acionamento pelas experiências de *holding* produzirá efeito totalizante propiciador das primeiras autorrepresentações.

A inexistência de um agente da percepção – e o que ela acarreta em termos de passividade do feto e do bebê durante as primeiras experiências com o ambiente – nos permite supor o potencial traumático dessas primeiras experiências. De fato, a constituição de um corpo unificado e psiquicamente representado como unidade lançará, necessariamente, sobre essas memórias fisiológicas das primeiras sensações intra e extrauterinas um sentido de invasão e fragmentação fadado a ser contrainvestido pela prevalência de um Eu que tende à afirmação da unidade e da atividade, ao mesmo tempo e na mesma medida em que nega a fragmentação e a passividade. Essa é, na verdade, nossa concepção do recalque originário, que busca preservar duas descobertas freudianas fundamentais: a importância do efeito de *a posteriori* e a do contrainvestimento na formação do inconsciente recalcado.

A título de conclusão, não podemos deixar de nos posicionar em desacordo com a ideia winnicottiana de um feto/bebê ativo em sua exploração/descoberta do ambiente e, ainda que suscetível às eventuais agressões e inadequações dali provenientes, capaz de ter assegurada a continuidade de seu próprio ser e existência pela prevalência das ocorrências em que ele age sobre o ambiente relativamente àquelas em que o ambiente age sobre ele. Nesse ponto, nos sentimos bem mais próximos de Gaddini, uma vez que sua concepção do começar a perceber por parte do feto/bebê contempla uma posição de passividade radical, e assim preserva a possibilidade de pensarmos o trauma como elemento inevitável e constitutivo do psiquismo. Do nosso ponto de vista, um *ME* inicialmente inexistente é criado pela ação do outro, em concomitância com processos naturais de amadurecimento neurofisiológico, e, uma vez constituído como unidade corporal representada psiquicamente, revela, num efeito de *a posteriori*, o caráter necessariamente traumático e invasivo da ação do outro sobre um corpo sem nenhuma organização central e sem consciência de existir como tal, ou seja, como corpo exposto passivamente tanto às ações integradoras e vitais quanto àquelas que podem ser associadas à violência e ao trauma seja porque advêm dos limites da capacidade de atender as necessidades do bebê, seja porque estão comprometidas com a sexualidade inconsciente do adulto cuidador.

Referências bibliográficas

GADDINI, E. "On imitation". *International Journal of Psycho-analysis*, n. 50, p. 475-484, 1969.

————. (1969) *L'imitation*. Paris: PUF, 2001.

LAPLANCHE, J. *La révolution copernicienne inachevée*. Paris: PUF, 1992.

RIBEIRO, P. C. "Identification passive, genre et séduction originaire". *Psychiatrie française*, v. 38, n. 4, p. 21-48, 2007.

STOLLER, R. "La difficile conquête de la masculinité". In: *L'identification, l'autre c'est moi*. Paris: Tchou, 1978.

WINNICOTT, D. W. *Human nature*. Londres: Free Association Books, 1988.

As relações entre o psíquico e o somático: o corpo na clínica psicanalítica

Maria Helena Fernandes

Promover uma discussão sobre a questão dos limites, e não apenas sobre os casos-limite, é encarar de frente a necessidade de enfrentarmos os desafios que a clínica psicanalítica nos propõe no cotidiano. É mais do que assinalar os limites das subjetividades contemporâneas que chegam até os nossos consultórios; é, sobretudo, admitir os próprios limites da escuta psicanalítica, muitas vezes aprisionada aos nossos modelos teóricos arraigados e, no mais das vezes, idealizados.

Então, para abordar os limites entre o psíquico e o somático, questão espinhosa e carregada de ressonâncias histórico-filosóficas, tomarei como ponto de partida a questão do corpo no discurso freudiano, para centrar a minha contribuição a essa discussão nos limites da nossa escuta analítica diante da evidência do corpo na clínica contemporânea.

Estandarte de um ideal de perfeição que se busca insistentemente alcançar, o corpo é hoje hiperinvestido, porém frequentemente apontado como fonte de frustração e sofrimento, constituindo-se também como meio de expressão do mal-estar contemporâneo.

De fato, as novas imagens evocadas pelas formas clínicas da atualidade parecem inventar ou reinventar, com maestria, novas sintomatologias para a velha dimensão do sofrimento humano. Um sofrimento que, segundo a psicanálise, leva em consideração esse *pathos* que carrega a memória da alteridade na origem de toda experiência humana. Ora, se a psicanálise pode ainda se definir como a *arte da escuta* do sofrimento humano, pode-se pensar que esse sofrimento reclama novas *formas de apresentação*, cumprindo, entretanto, a mesma exigência de sempre: a de se fazer *escutar*.

No texto "Psicologia das massas e análise do ego", Freud afirma que não existe constituição solipsista do psiquismo. Se "a psicologia individual é simultaneamente psicologia social" (FREUD, 1921/1991, p. 5), pelo simples fato de que a subjetividade se constitui a partir da alteridade, da existência fundamental do outro como eixo constitutivo do psíquico, então pode-se avançar a ideia, de acordo com Freud, de que as formações psicopatológicas falam da cultura, ou melhor, retiram dela o material de base que lhes dará forma, que lhes dará *imagem*!

Estabelece-se, com isso, um diálogo que, colocando em evidência os modos de subjetivação de uma época, reproduzem "o que circula como representação coletiva" (ALONSO, 2000, p. 84). A partir daí, fica mais fácil entender como o imaginário da época, com suas referências estéticas, opera na construção dos ditos "novos sintomas". As formas clínicas contemporâneas retiram da cultura o material que lhes dá hoje a sua imagem pós-moderna.

A negação da interioridade parece nos afastar cada vez mais de uma subjetividade pautada nos ideais do romantismo de Emma, de Flaubert[1], ou de Julie, de Balzac[2] – personagens facilmente identificadas ao modo de subjetivação colocado em evidência pela neurose. Se me deixo levar por um raciocínio psicopatológico, fico tentada a pensar que a evolução do pensamento psicanalítico migra, num primeiro momento, do modelo da neurose para o modelo da psicose.

As contribuições de Melanie Klein, Lacan, Bion e Winnicott, criando novos conceitos e alargando fronteiras, permitiram que a ênfase fosse, de certa forma, colocada no modelo da psicose. Isso pode ser facilmente verificado pela quantidade e pela qualidade das publicações psicanalíticas que abordam, por exemplo, os casos-limite, as psicoses infantis e o autismo. A subjetividade aparece e permanece aí enredada nos meandros do conflito, denotando toda a complexidade e riqueza da interioridade.

Ao contrário dessa ênfase na interioridade, ao que assistimos atualmente é a uma ênfase na exterioridade, com predomínio das patologias da ação e do corporal. As problemáticas internas vêm migrando progressivamente

---

1 Personagem do romance *Madame Bovary* de Gustave Flaubert.

2 Personagem do romance *A mulher de trinta anos* de Honoré de Balzac.

para o corpo; a ênfase na corporalidade parece sugerir que a plataforma dos conflitos migra para o exterior do sujeito (cf. FERNANDES, 2003a).

Esse declínio da interioridade e o concomitante privilégio da exterioridade, conferindo à imagem papel central, vêm sendo amplamente assinalados pelos psicanalistas. O que parece interessar agora, salienta Joel Birman, "é a estetização da existência e a inflação do eu, que promovem uma ética oposta à do sofrimento" (BIRMAN, 2001, p. 248-249). A meu ver, essa cultura do evitamento da dor indica uma espécie de precariedade da atividade psíquica, na qual o espaço para a reflexão sobre o sofrimento encontrava abrigo e possibilidade de elaboração. No lugar dessa reflexão, observa-se atualmente um imperativo constante de superação imediata de todo sofrimento, como se as marcas das dores da vida não pudessem mais encontrar uma inscrição psíquica, ficando destinadas a uma inscrição corporal. O corpo, sua imagem, seu funcionamento, suas formas e deformações, constitui-se, então, como lugar privilegiado de abrigo do sofrimento.

Assim, do mesmo modo que se constata na clínica aumento considerável de demandas de análise que passam pelas *questões corporais*, também se observa uma avalanche de trabalhos abordando direta ou indiretamente as problemáticas corporais. As publicações psicanalíticas têm mostrado que, nas últimas décadas, o corpo vem retornando ao cenário da psicanálise após longo período de esquecimento e, por que não dizer, de desprezo.

Justamente no início dos anos 80, quando se agitavam na França os debates em torno das questões do corpo na psicanálise, Jean Starobinski (1980) se dirige aos psicanalistas com a seguinte afirmação:

> Hoje a questão do corpo aparece como se nós o reencontrássemos após um esquecimento muito longo: a *imagem do corpo*, a *linguagem do corpo*, a *consciência do corpo* e a *liberação do corpo* tornaram-se palavras de ordem. Os historiadores se interessam por tudo o que as culturas anteriores à nossa fizeram com o corpo: tatuagens, mutilações, celebrações, rituais ligados às diversas funções corporais. Os escritores do passado, por sua vez, de Rabelais a Flaubert, são evocados como testemunhas: no entanto, de repente, percebemos que não somos o Cristóvão Colombo da realidade corporal. Este foi o primeiro conhecimento que adentrou o saber humano: "Eles perceberam que estavam nus" (Gênese, 3, 7). Depois desse momento, o corpo não pôde mais ser ignorado (STAROBINSKI, 1980, p. 261).

Starobinski evoca a percepção da nudez como a evidência irrefutável da corporeidade do sujeito, um sujeito feito de carne e osso, habitando *um* corpo. No entanto essa unicidade do corpo imediatamente se transforma numa verdadeira multiplicidade de corpos se o olhar se dirige para o corpo como "objeto de estudo" de tão variados campos do conhecimento humano. Há de se reconhecer, então, que falar do corpo supõe o defrontar-se com *vários* corpos: o corpo biológico, o corpo filosófico, o corpo histórico, o corpo estético, o corpo religioso, o corpo social, o corpo antropológico e, certamente, o corpo psicanalítico. É justamente este corpo, abordado pelo instrumental teórico-clínico da psicanálise, que interessa aqui.

Diante desse panorama, o lembrete "não somos o Cristóvão Colombo da realidade corporal" poderia ser escutado como um convite para pensarmos a problemática do corpo pelo viés epistemológico, único guardião da possibilidade de interlocução da psicanálise com as demais disciplinas em que o corpo também se constitui como objeto de interesse e estudo.

Foi nesse horizonte que, para mim, realizar uma leitura do lugar do corpo na teoria freudiana respondeu a uma dupla necessidade. De um lado, uma necessidade epistemológica, de forma a contribuir não só para facilitar a comunicação da psicanálise com os outros campos do conhecimento em que o corpo também se constitui como objeto de estudo, mas, sobretudo, para enfatizar a especificidade metodológica da psicanálise. De outro, uma necessidade eminentemente clínica, cujo objetivo foi, sem dúvida, melhor instrumentalizar a nossa escuta para acolher as diversas formas de presença do corpo na clínica contemporânea.

A psicopatologia do corpo na vida cotidiana

Quels que soient ses aspects, le quotidien a ce trait essentiel: il ne se laisse pas saisir. Il appartient à l'insignifiance, et l'insignifiant est sans vérité, sans réalité, sans secret, mais est peut-être aussi le lieu de toute signification possible.

(BLANCHOT, 1969)[3]

[3] "Quaisquer que sejam seus aspectos, o cotidiano tem esse traço essencial: ele não se deixa apreender. Ele pertence à insignificância, e o insignificante é sem verdade, sem realidade, sem segredo, mas é talvez também o lugar de toda significação possível".

Já assinalei em outras ocasiões que a clínica psicanalítica, funcionando como espelho da cultura, reflete atualmente a imagem de uma verdadeira *fetichização do corpo*, que se traduz pela preocupação excessiva não apenas com o seu funcionamento, mas, sobretudo, com a sua forma. É assim que, cada vez mais, ocupam lugar de destaque na cena contemporânea a obsessão pela magreza, a compulsão para fazer exercícios físicos, as excessivas e múltiplas intervenções cirúrgicas de modelagem do corpo, o horror do envelhecimento e da passividade, a busca psicopatológica da saúde, ou, ao contrário, uma negligência destrutiva do corpo, que aparecem hoje, em nossa clínica cotidiana, ao lado de vasta gama de descompensações somáticas (cf. FERNANDES, 2009).

É o corpo que toma a frente da cena, constituindo-se como fonte de frustração, de insatisfação, de impedimento à potência fálico-narcísica. De veículo ou meio da satisfação pulsional o corpo passa a ser, cada vez mais, veículo ou meio de expressão da dor e do sofrimento. Um sofrimento que, às vezes, parece encontrar dificuldade para se manifestar em termos psíquicos.

Se acrescentarmos a esse panorama a tendência de alguns a tornarem-se vítimas de acidentes mais ou menos graves, ou ainda a sensibilidade aumentada de outros para as doenças contagiosas, não podemos deixar de constatar que implicar o corpo nas respostas dadas aos conflitos internos é um fato bastante banal naquilo que poderíamos denominar a *psicopatologia do corpo na vida cotidiana*.

Sendo assim, para dar visibilidade ao que quero trazer para a nossa discussão, começarei apresentando alguns *flashes* da minha clínica psicanalítica. Digo *flashes* porque não se trata de casos clínicos, nem tampouco de vinhetas clínicas, mas tão somente de *imagens*. Imagens que evocam *cenas* de uma clínica, que colocam em evidência essa *psicopatologia do corpo na vida cotidiana*.

> Flávia, 35 anos, dois filhos; aos 20, uma cirurgia plástica para diminuir os seios; hoje, 4 lipoaspirações "para tirar as gordurinhas" – diz ela – "a da barriga não ficou legal, era melhor como antes, vou ter que refazer!". Outra cirurgia, desta vez para aumentar os seios: "agora é legal ter seios grandes". Procura análise após sentir-se "esgotada e sem ânimo" depois da doença do filho mais novo, que chegou a precisar de uma cirurgia.

> Lígia chega à análise profundamente deprimida, fazendo uso de antidepressivos; chega a comer e vomitar até oito vezes ao dia. Encontra-se emagrecida, referindo um medo enorme de engordar e ficar feia. É uma moça que chama a atenção pela sua beleza. Dedica-se com exagero aos exercícios físicos e relata obter "alívio" com essa atividade. Após terminar a faculdade os episódios bulímicos a impedem de dar continuidade ao seu desejo de fazer uma pós-graduação. Inicia reticente sua análise, dizendo que já se submeteu a duas terapias anteriores, mas "não adiantou nada" – diz ela.
>
> Ângelo teve um infarto agudo do miocárdio. Tem apenas 42 anos. Recordando-se desse dia, comenta: "Eu tive dor a noite inteira, mas não quis acreditar que poderia ser algo grave".
>
> Eduardo, por sua vez, está atormentado pelo temor de ter contraído AIDS após uma "transa" em que a camisinha rasgou. O resultado do exame de sangue negativo não lhe restitui a calma esperada. Queixa-se de dores nas costas, sente-se cansado e questiona-se: "e se estiver com um câncer?".
>
> Marília, olhar esperto e corpo miúdo, é bailarina de profissão. Não sabe o que se passa com ela, acha que tem tudo, mas não consegue se sentir "feliz"; "acho que sofro de TPM" – diz ela. Machuca-se com facilidade, chegando a precisar parar de trabalhar. Diz que parece não sentir o corpo apoiar-se em toda a sua extensão no divã. O corpo não tem densidade, Marília flutua!

Pois bem, essas imagens da clínica contemporânea remetem imediatamente a duas questões: se o corpo biológico propriamente dito não pode ser objeto da psicanálise, existiria então um corpo abordável pelo instrumental teórico-clínico psicanalítico? Que corpo é esse que se mostra, às vezes insistentemente, e que pode ser acolhido pelo psicanalista na sua escuta?

Essas questões serão o eixo metodológico deste artigo, que tem como objetivo abordar a questão do corpo na clínica psicanalítica a partir de uma releitura do texto de Freud que possa contribuir para lidarmos com os limites da nossa escuta e, assim, ampliar as possibilidades do instrumental psicanalítico frente ao que se apresenta hoje à nossa clínica cotidiana.

Se tivéssemos tempo aqui para percorrer a metapsicologia seria possível demonstrar que o discurso freudiano, tendo se desenvolvido a partir da histeria e do sonho em uma complexidade crescente que vai da pulsão ao ego corporal, enuncia uma abordagem própria do corpo, na qual a alteridade é um elemento-chave (cf. FERNANDES, 2003b). A partir daí, pretendo demonstrar que os avanços teóricos de Freud após 1920 vão progressivamente ampliar as possibilidades de compreensão do corpo para além da lógica da representação. Isso tem, sem dúvida, desdobramentos clínicos, pois permite pensarmos, do ponto de vista metapsicológico, a natureza da eficácia da escuta analítica sobre o registro do corpo.

O corpo da representação e o corpo do transbordamento

Partindo da descoberta de que a fala afeta o corpo, Freud nos ensina que, se o corpo da histérica se afasta do corpo da anatomia, ele se aproxima, no entanto, de um corpo representado a partir de uma linguagem popular e não científica. Essa diferença, entre o corpo científico e o corpo popular, evidenciada de forma exemplar pelo fenômeno da conversão histérica, inaugura a distinção entre o corpo biológico e o corpo psicanalítico.

Enquanto o corpo biológico obedece às leis da distribuição anatômica dos órgãos e dos sistemas funcionais, constituindo *um todo* em funcionamento, isto é, um *organismo*, o corpo psicanalítico obedece às leis do desejo inconsciente, constituindo um todo em funcionamento coerente com a história do sujeito.

Sendo assim, dizer que Freud funda a distinção entre o corpo biológico e o corpo psicanalítico equivale a dizer, conforme Joel Birman (1991, p. 141) já salientou, que "a psicanálise realiza uma passagem da lógica da anatomia para a lógica da representação". No entanto, a meu ver isso não esgota a problemática do corpo em Freud. É justamente isso que pretendo demonstrar aqui. Partirei da hipótese de que, longe de estar excluído da psicanálise, o corpo encontra-se, ao contrário, no centro da construção teórica freudiana.

Sendo assim, minha hipótese de partida supõe que, se o corpo que a construção teórica de Freud anuncia não se confunde com o organismo biológico, objeto de estudo e intervenção da medicina, ele se apresenta, ao mesmo tempo, como o palco onde se desenrola o complexo jogo das relações entre o psíquico e o somático e como personagem integrante da trama dessas relações. Essa dupla inscrição se evidenciaria no conceito de pulsão, o conceito-limite entre o psíquico e o somático, ao colocar o corpo ao mesmo tempo como fonte da pulsão e como finalidade, lugar ou meio da satisfação pulsional. Assim, a teoria freudiana permitiria colocar em evidência que o somático, isto é, o conjunto das funções orgânicas em movimento, habita um corpo que é também o lugar da realização de um desejo inconsciente.

Ora, se o corpo aparece como *lugar*, palco onde se encenam as relações entre o psíquico e o somático, isso equivale a dizer que Freud produz aqui importante ruptura na concepção do corpo ao distingui-lo do somático, isto é, o corpo em Freud não se confunde com o organismo biológico. Se o adjetivo *somático* se refere, como salienta P.-L. Assoun (1993, p. 161-162), "a *processos* determinados que se organizam segundo uma racionalidade ela própria determinável", o corpo em Freud não se rege segundo uma racionalidade única e determinada, a racionalidade somática. Ele se rege segundo *dupla racionalidade*, a do somático e a do psíquico. Em Freud, a racionalidade que rege o psíquico se fundamenta no encontro do ser humano com a trama das relações parentais, que constrói o psíquico na primazia da erogeneidade. Sendo assim, pode-se dizer que a grande inovação freudiana foi, precisamente, considerar essa dupla racionalidade como estando articulada pelo desejo inconsciente. Vamos explorar isso percorrendo rapidamente alguns momentos pontuais do pensamento freudiano.

Em 1905, enfatizando a sexualidade infantil como perversa e polimorfa, Freud salienta a dimensão erógena de algumas zonas do corpo, permitindo assim a emergência de um corpo autoerótico, corpo fragmentado que, com a introdução do conceito de narcisismo em 1914 e a extensão dessa erogeneidade a todo o corpo, passa a ser pensado como corpo narcísico. Pode-se dizer que, transpondo o corpo biológico em um corpo erógeno, Freud inicia um verdadeiro movimento de transformação na concepção do corpo. Essa época de sua teorização assinala apenas o começo de um percurso que funda a noção de um corpo psicanalítico, habitado pela pulsão e pela linguagem.

Ora, a passagem de um corpo autoerótico, fragmentado, para um corpo unificado pelo narcisismo prepara o terreno para dois movimentos teóricos importantes: a retomada do conceito de pulsão em 1915, que mais tarde resultará no segundo dualismo pulsional, e a criação da segunda tópica, que traz consigo a emergência do ego corporal.

Quando Freud diz que o ego é corporal, escreve P.-L. Assoun,

> precisamos entender mais ou menos o seguinte: *o ego e o corpo são estruturados segundo a lógica homóloga das superfícies*. Isso não significa dizer que o Ego é análogo ao Corpo, mas que a emergência da subjetividade se faz segundo essa lógica corpórea da projeção. O *corpo* é, portanto, *o próprio*, a primeira pessoa (ASSOUN, 1993, op. cit., p.174).

Ora, essa observação nos convida a estender essa reflexão à maneira como esse corpo se torna um corpo próprio, possibilitando o acesso à primeira pessoa. Vamos, então, acompanhar Freud aqui um pouco mais de perto.

Em 1926, no texto "Inibição, sintoma e angústia", Freud refere que no início da vida a ausência da mãe não representa para o bebê a ausência de um objeto, visto que ela ainda não é um objeto para ele. Não se trata tampouco da falta de um objeto de amor, visto que o amor ainda não existe. Existe apenas a necessidade e, nesse sentido, a ausência da mãe coloca o bebê em situação de perigo, na qual o que ele experiencia será qualificado por Freud como *dor*. Notem bem, Freud não qualifica o que o bebê experiencia como angústia, mas como dor! Nesse momento Freud inscreve o outro, ou melhor, sua ausência, na origem da dor. Essa inscrição constitui uma contribuição essencialmente psicanalítica à abordagem não somente do corpo, mas especificamente da dor, cujo caráter enigmático jamais deixou de ser apontado pela clínica médica. O que também permite compreender claramente que, afetado pela ausência, o corpo dói. Fato que tão bem descrevem alguns analisandos quando, diante de um sofrimento muito intenso, insistem em localizá-lo no próprio corpo: "Isso dói muito, há certas coisas que doem no corpo, sinto a dor aqui, no meu peito".

Porém Freud vai mais longe e não hesita em qualificar a ausência da mãe como uma situação *traumática*. Para o bebê, é a sobrevivência que está em jogo, e será apenas mais tarde que surgirá a necessidade do amor. Freud escreve:

> O ser da primeira infância não está de fato equipado para dominar psiquicamente as grandes quantidades de excitação que chegam do exterior ou do interior. Em uma certa época da vida, o interesse mais importante é, efetivamente, que

> as pessoas das quais dependemos não retirem sua terna solicitude (FREUD, 1926/1992, op. cit., p. 261-262).

Ora, essas quantidades de excitação exterior e interior devem, então, passar pelo outro maternal para que possam ser administradas pelo bebê. Nesse sentido, seja em relação ao ego corporal como projeção de uma superfície ou em relação à força pulsional, o outro estaria sempre na origem da constituição do sujeito, um sujeito habitante de seu próprio corpo.

Pode-se afirmar então que o outro é o polo investidor que vai transformar o corpo biológico em corpo erógeno, habitado pela pulsão e pela linguagem. Isso equivale a dizer que é o investimento libidinal no corpo da criança, realizado por esse outro maternal que, ao torná-lo erógeno, lhe permite o acesso à simbolização. O movimento de transformação produzido por Freud na concepção do corpo toma aqui toda a sua medida. O corpo psicanalítico é, portanto, um corpo construído, construído pela alteridade. Mas Freud não para aí!

Com o segundo dualismo pulsional, o corpo emerge também como lugar de encontro de Eros e Tânatos. Esse encontro permitiu-lhe abordá-lo sob o ângulo de um corpo, por assim dizer, masoquista, baseando-se na ideia de um masoquismo originário. Os avanços freudianos dos últimos anos apontam ainda que é a dor que, dando acesso ao conhecimento de nossos órgãos, permite uma representação de nosso corpo em geral.

Além disso, a partir de 1920, o fato de a pulsão de morte ter sido descrita como a pulsão sem representação vem acentuar uma forma de eficácia psíquica que se situa aquém da simbolização. Pode-se constatar, então, que a introdução da pulsão de morte, assim como os avanços teóricos na compreensão do trauma, além de conferir à alteridade um papel estratégico no gerenciamento pulsional, abre todo um campo de possibilidades para se pensar o irrepresentável no interior da metapsicologia.

A meu ver, explorar as relações entre o corpo e o inconsciente implica, então, não restringir nossas reflexões ao registro da representação, ampliando nossas possibilidades de reflexão para além da lógica do recalcamento. Note-se aqui a importância de se explorar os desdobramentos teórico-clínicos ligados, por exemplo, aos mecanismos da clivagem e da recusa que ganham em Freud novo fôlego, precisamente em seus textos mais tardios. Isso me permitiu enfatizar, segundo a minha hipótese, que a função metapsicológica do corpo, entre dor e prazer, vida e morte, permite abordar tanto um *corpo da representação* como também o que chamei de *corpo do transbordamento* que, situando-se aquém da simbolização, coloca em evidência o excesso impossível de ser representado.

Segundo minha hipótese, o lugar do corpo na teoria freudiana reflete e preserva os traços dessa dupla incidência, observada tanto na teoria quanto na clínica psicanalítica: a incidência da representação e a do transbordamento (cf. FERNANDES, 2003b, op. cit.).

Desdobramentos clínicos

Mesmo privilegiando o *corpo da representação* e afirmando assim a utilidade da psicanálise no tratamento das psiconeuroses, Freud jamais submete o corpo exclusivamente ao reinado da pura representação. Aliás, foi a tradição psicanalítica pós-freudiana que viu, durante muito tempo, a preocupação com a questão do corpo na psicanálise como uma espécie de heresia epistemológica, como um atentado contra a pureza da psicanálise.

Se as teorias pós-freudianas, remontando sempre a origem da descoberta de Freud aos sintomas corporais das histéricas, não excluem uma compreensão do corpo, de certa forma foi a clínica psicanalítica, fundamentada nessas mesmas teorias, que, paradoxalmente, excluiu durante um bom tempo aqueles pacientes que procuravam uma análise motivados, por exemplo, por uma queixa somática. Parece-me que essa exclusão se deu, de um lado, pela recusa de alguns analistas a aceitar em análise esses casos e, de outro, por uma espécie de "surdez" dos mesmos a tudo aquilo que os convida a pensar diferentemente da lógica da neurose. Esse tipo de surdez às vezes acaba por obrigar o analisando a excluir, ele próprio, a psicanálise, simplesmente abandonando o processo analítico.

Não posso deixar de enfatizar que o adoecimento do corpo, qualquer que seja sua etiologia, é uma realidade da qual nem o analisando nem o analista podem fugir e, às vezes, nem mesmo esquecer. Como analistas, nós olhamos, escutamos e, de certa forma, participamos dessa realidade. Sendo assim, é importante refletir justamente sobre a maneira como acolhemos o corpo, doente ou não, de nossos analisandos, pois é disso exatamente que se trata.

Não é raro alguns analisandos alimentarem o pressuposto de que o analista está à espera de explicações psicológicas para designá-las como *causa* de sua doença, o que desperta neles uma espécie de reação "paranoica", aliás, bastante compreensível. Em tais condições, o analisando não pode se comportar de outra forma senão tentando se proteger, a todo custo, de qualquer relação de sua doença com sua história pessoal, para manter assim sua condição de "estar doente de verdade", de ter realmente uma doença orgânica.

Nada mais violento, quando se está doente, que se ver exposto a intervenções explicativo-causais de cunho psicológico que, aliás, nada têm de analítico e parecem hoje muito difundidas na linguagem do senso comum. Além disso, não se deve esquecer que a resistência do analisando a se desprender de seus sintomas se justifica em muitos casos. Essa resistência é bem diferente da recusa ao tratamento médico e, às vezes, é a proteção mais eficaz contra os excessos interpretativos de certo imperialismo psicanalítico. Dito isso, é prudente não esquecer que a etiologia das doenças orgânicas permanece, em princípio, como competência das disciplinas médicas, cabendo a uma abordagem psicanalítica do corpo tudo aquilo que o toca na palavra, mesmo que essa palavra não seja pronunciada com facilidade, mesmo que seja mais "atuada" que "falada": mesmo que seja muda, ela não se faz menos presente.

Por tudo o que vimos até aqui, gostaria de insistir que pensar as relações entre o psíquico e o somático implica considerar que a psicanálise não pode ser transformada nem em teoria psicológica do somático, nem em interpretação simbólica direta de tudo que afeta o corpo, o que significa dizer que o psíquico não pode ser definido como o mestre absoluto que reina sobre os destinos do corpo biológico e, consequentemente, que o somático não pode ser definido meramente como substrato causal.

A leitura de Freud deixa claro que, para ele, as relações entre o psíquico e o somático são de reciprocidade, isto é, o que afeta o *soma* pode produzir alterações na *psique* e, consequentemente, o que afeta a *psique* pode produzir alterações no *soma*. Hoje em dia, parece óbvio que tais alterações não se restringem apenas ao campo das conversões histéricas, cujas modificações corporais encontram no psíquico sua causalidade originária. O que a clínica nos ensina é que os acontecimentos da vida podem afetar simultaneamente os dois registros, o psíquico e o somático, sem que se consiga determinar que ordem de causalidade teve a primazia. Trata-se, portanto, de processos interdependentes que agem de forma recíproca; não se confundem um com o outro, embora estejam estreitamente conectados entre si. A questão que permanece é certamente a de saber como se operam essas conexões. Várias hipóteses vêm sendo elaboradas pelos diversos campos do conhecimento, porém continuam a operar como hipóteses e não como certezas.

Em "Estudos sobre a histeria", o material que Freud utiliza para distinguir o doente orgânico, o hipocondríaco e o histérico é o discurso, são as particularidades discursivas desses pacientes. Ele chama a atenção, já nessa ocasião, para a especificidade de nosso *instrumento de trabalho*: é exatamente da relação da palavra com o corpo que devemos nos ocupar.

No entanto, o que a diversidade das imagens do sofrimento contemporâneo nos ensina é que a expressão verbal e metafórica frequentemente utiliza o corpo como imagem, solicitando assim do analista um *olhar* e uma *escuta* capazes de figurar essa imagem e descrevê-la em palavras. Faz-se necessário então um trabalho de *nominação/ligação*, essa colocação em palavras que reenvia sempre a alguma outra, criando dessa forma uma cadeia associativa que visa ligar os elementos do discurso em verdadeiro trabalho de *construção de sentidos*.

Muitos analisandos parecem necessitar que o analista os acompanhe na busca das palavras capazes de acolher os detalhes mais fortuitos da sua fala e colocá-los em relação com o que se passa no seu corpo, permitindo, dessa forma, que um sistema simbólico possa ir lentamente se estabelecendo em torno de todo evento que solicite o corpo.

Sendo assim, diria, para concluir, que é por meio da *delicadeza* da escuta, de uma leitura em filigrana das palavras, na sutileza da busca dos detalhes, dos gestos, do olhar, do silêncio que o analista vai reencontrar as marcas das imagens internas do analisando. Tudo se passa como se a palavra do analista devesse incentivar o analisando a desenvolver seu poder imaginativo de tal forma que o acontecimento que toca o corpo não fique privado de possibilidades metafóricas. A metáfora, disse P. Fédida (1977, p.131), "é uma morada, e o psicanalista tem necessidade do poema para habitar".

Ora, se o psicanalista tem necessidade do poema para habitar, então é na figura do poeta que devemos buscar inspiração para tentar preservar nossa capacidade de devanear com as palavras, criar imagens a partir do silêncio e conseguir assim caminhar no árido terreno da doença, da dor e da violência que caracterizam as imagens do sofrimento contemporâneo.

P. Fédida, insistindo na ideia de que a transferência é, na situação analítica, essa via privilegiada que permite ao sujeito "aumentar a competência do psíquico sobre sua vida somática" (FÉDIDA, 1995, p. 115), dirige nossa atenção para uma reflexão que deve passar necessariamente pela metapsicologia dos processos transferenciais.

Ao referir-se aos pacientes hipocondríacos, aqueles que justamente tomam o corpo como objeto singular de investimento, P. Fédida escreve:

> o paciente hipocondríaco se dirige ao corpo do analista ao mesmo tempo como se esse corpo pudesse *receber* os reflexos produzidos pela queixa somática, *conservar* esses reflexos como traços de inscrição (valor atribuído por esses pacientes à presença vigilante e atenta do analista) e como se esse corpo pudesse ao mesmo tempo *reconstituir* um sonho e um sono, colocando o paciente ao abrigo de seus tormentos (Id., ibid., p. 132).

Sugiro, então, ampliar o alcance dessa formulação, pois a presença do corpo na clínica psicanalítica contemporânea vai muito além do corpo doente, vai muito além daquelas situações em que uma queixa somática é formulada, conforme tentei mostrar através das imagens que evoquei no início. Já enfatizei em outras ocasiões que a presença do corpo se faz, insistentemente, também pelo negativo (cf. FERNANDES, 2002). Aqui P. Fédida expressa a preciosa ideia de que o que se passa na situação analítica e, sobretudo, eu diria, em certos momentos de uma análise, se dirige ao corpo do analista. Ora, uma melhor compreensão dos processos transferenciais implica considerar seriamente que *o analista escuta com o corpo inteiro* e, à semelhança da alteridade materna, acolhe em seu próprio corpo os efeitos do sofrimento do outro.

Se Freud apresenta o trabalho analítico do analisando através das expressões: *recordar*, *repetir* e *elaborar*, pode-se enfatizar que o trabalho do analista, parafraseando P. Fédida, consiste em: *receber*, *conservar* e *reconstituir*. Sendo assim, talvez somente uma escuta capaz de *reconstituir* em sua delicadeza o clima onírico do sonho possa nos permitir *receber* e *conservar*, muitas vezes no próprio corpo, os traços de inscrição da dor do outro e, assim, nos ajudar a compreender melhor a diversidade do funcionamento psíquico que se revela hoje, cada vez mais, através das imagens corporais do sofrimento.

Referências bibliográficas

ALONSO, S. L. "O que não pertence a ninguém... e as representações da histeria". In: FUKS, L. B. & FERRAZ, F. C. (orgs.). *A clínica conta histórias*. São Paulo: Escuta, 2000.

ASSOUN, P.-L. "Le corps: L'Autre métapsychologique". In: *Introduction à la métapsychologie freudienne*. Paris: PUF, 1993.

BIRMAN, J. *Freud e a interpretação psicanalítica*. Rio de Janeiro: Relume Dumará, 1991.

————. *Mal-estar na atualidade*: *a psicanálise e as novas formas de subjetivação*. Rio de Janeiro: Civilização Brasileira, 2001.

BLANCHOT, M. *L'entretien infini*. Paris: Gallimard, 1969.

FÉDIDA, P. "L'hypocondriaque médecin". In: AISENSTEIN, M., FINE, A. & PRAGIER, G. (orgs.). *Monographies de la Revue Française de Psychanalyse.* Paris: PUF, 1995.

————. *Corps du vide et espace de séance*. Paris: Jean-Pierre Delarge, 1977.

FERNANDES, M. H. "A hipocondria do sonho e o silêncio dos órgãos: o corpo na clínica psicanalítica". In: AISENSTEIN, M., FINE, A. & PRAGIER, G. (orgs.). *Hipocondria*. São Paulo: Escuta, 2002.

————. "As formas corporais do sofrimento: a imagem da hipocondria na clínica psicanalítica contemporânea". In: VOLICH, R. M., FERRAZ, F. C. & RANÑA, W. (orgs.). *Psicossoma III*: *interfaces da psicossomática*. São Paulo: Casa do Psicólogo, 2003a.

————. *Corpo* (Coleção "Clínica Psicanalítica"). São Paulo: Casa do Psicólogo, 2003b.

__________. "Le corps fétiche: La clinique miroir de la culture". In: GASPARD, J.-L. & DOUCET, C. (orgs.). *Pratiques et usages du corps dans notre modernité*. Toulouse: Érès, 2009.

FREUD, S. (1921) "Psychologie des masses et analyse du moi". In: *Oeuvres complètes*, v. 6. Paris: PUF, 1991.

__________. (1926) "Inhibition, symptôme et angoisse". In: *Oeuvres complètes*, v. 17. Paris: PUF, 1992.

STAROBINSKI, J. "Brève histoire de la conscience du corps". *Revue Française de Psychanalyse*, v. 45, n. 2, p. 261-279. Paris: PUF, 1980.

Limites entre a psique e o soma?

Monah Winograd

O que é um limite?

É preciso começar formulando uma pergunta: *limites* entre a *psique* e o *soma*? Essa pergunta é importante porque não é evidente o que chamamos aqui de limites, nem o que chamamos de *psique* e de *soma*. Portanto, se queremos entender, ou pelo menos avançar, na problemática proposta por este evento, precisamos começar fazendo um recuo e buscando algumas definições iniciais.

Segundo a *Encyclopédie Philosophique Universelle* (1995), a noção de limite elaborada pelos Gregos apresentava a perspectiva de uma conceitualização do contínuo. Já para nós o termo carrega, em seu sentido geral, uma acepção física e mesmo geográfica: limite é o que marca o fim de uma região do espaço. Ou seja, limite é o lugar (um ponto, uma linha, uma superfície) onde algo (uma coisa, um território) se interrompe. Em sentido derivado, a palavra se aplica também ao que se refere à duração: limite de um tempo, limite de uma ação. Em um sentido algébrico, limite designa uma grandeza fixa da qual uma variável qualquer se aproxima sem jamais poder atingi-la. Daí, em lógica e na matemática, falarmos de um valor-limite, de um caso-limite ou de uma situação-limite, visando uma realidade que permite compreender outra realidade sem jamais poder atingi-la.

Em resumo, em todas as acepções limite é o que se atinge sem se poder ultrapassar. Em sentido coloquial e de modo banal, dizemos que a generosidade ou a paciência têm limite. Por outro lado, certos sentimentos, como o amor, se caracterizam pelo fato de não conhecerem limites. Nos dois casos, evidentemente, a significação do termo, sua determinação precisa e específica, é função das possibilidades de um indivíduo e das suas condições. Já o que chamamos de limites estruturais ou últimos representam, no nível da análise conceitual, uma impossibilidade: limites da ciência ou limites da clínica, por exemplo.

Mas essa dimensão infranqueável não determina necessariamente um constrangimento. A noção de limite comporta também um sentido geral negativo, indicando a supressão de toda separação assinalável. Por exemplo, mesmo quem admite que nenhuma velocidade pode ultrapassar a da luz (300.000 km/s) pode pensar numa experiência livre deste constrangimento. Daí o caráter ricamente ambíguo que marca essa noção: o limite é, ao mesmo tempo, o ponto extremo a partir do qual o sujeito se encontra reenviado a si mesmo e o ponto a partir do qual o sujeito pode apreciar a si mesmo relativamente ao que ele não é. Princípio de fechamento, o limite é, ao mesmo tempo, princípio de transgressão. Por isso (porque a noção de limite é positiva e negativa, ou seja, porque designa um ponto de interrupção, mas também a possibilidade de ultrapassá-lo ou, em sentido hegeliano, de superá-lo e engendrar uma nova positividade) o tema geral desse evento faz sentido. Formular a ideia de limites entre *psique* e *soma* nos leva a pensar não em uma separação definitiva e taxativa, mas na possibilidade de conceitualizar aquilo mesmo que a experiência da vida mostra como sendo um.

Sobre a distinção e a relação entre psique e soma

Essa distinção clássica entre *psyche* e *soma* (alma e corpo), usualmente atribuída ao filósofo francês René Descartes (1641), já era presente na Grécia antiga. *Psukhé* (alma) vem de *psukhó*, soprar, em grego – como o sopro que anima (de *anima*, alma) o corpo, o põe em movimento e faz com que ele seja sensível, com que sinta. Só para termos uma pequena ideia, em Homero a *psique* é exatamente a força vital que se exala no momento da morte, o fantasma leve que vai morar no Hades, o Mundo subterrâneo dos Mortos. O estoicismo (com sua concepção pneumática) e o epicurismo conservam essa noção de uma *psique* feita de uma matéria mais tênue, o éter. Mas a ideia mesma de uma autonomia da *psique* e de sua superioridade sobre o *soma* começa, na verdade, com Pitágoras e sua definição de *psique* como sede dos pensamentos, das emoções e dos desejos, até chegar a Sócrates que a identifica ao indivíduo do qual ela é a parte imaterial e indissolúvel. O exame feito por Aristóteles, por sua vez, traz à luz a função dupla da *psique* presente em todas essas teorias anteriores que citei muito rapidamente: a função de mover e a função de sentir. À afirmação platônica de uma *psique* automotora, eterna e separada do corpo, Aristóteles opõe uma alma incorporada, a essência mesma do corpo. Tanto é que o tratado aristotélico *De Anima (Da alma)* é na realidade um tratado de biologia geral, um dos seus escritos consagrados à física.

Por sua vez, como é sabido, *soma*, em grego, quer dizer corpo. Em Homero, *soma* designa sempre o corpo morto, animal ou humano. A extensão do termo a toda realidade material e sólida é contemporânea da espiritualização da *psique*, quando o corpo se torna a tumba da alma que lhe preexiste e sobrevive a ele (neoplatonismo). Contudo, se o corpo é pensado como o que aprisiona a *psique*, ele também é considerado como o que a exprime, como o signo de uma presença que de outro modo permaneceria imperceptível e não identificada. De um lado prisão da *psique* e, de outro lado, único modo de expressão. Vê-se como há tensão entre *psique* e *soma*. Tensão essa que o materialismo estoico substituiu por outra distinção. Já não a distinção *psique/soma*, mas agora a diferenciação *soma/asomatos*, corporal/incorporal. Ou seja, todo agente, toda causa (a alma, a virtude, a verdade) é um corpo, mas toda visada sobre a realidade (predicado ou enunciado) é um incorporal. Estamos aqui diante de alguns modos de pensar a relação entre *psique* e *soma* aos quais não estamos habituados e que, se não necessariamente superam a ideia de um limite entre eles, pelo menos permitem pensar diferentemente suas relações recíprocas.

Se retornarmos agora para o nosso campo, devemos então perguntar se em psicanálise faz sentido pensar em um limite entre *psique* e *soma* e, se fizer, que sentido é esse. A resposta a essa questão não só não é evidente como exige a superação dos limites do nosso repertório conceitual, profundamente marcado pelo dualismo de substância cartesiano. Só para avivar a memória, Descartes (1641, op. cit.) propunha que considerássemos a alma (o pensamento) e o corpo (a extensão) como substâncias distintas. O termo *substância* vem do latim *substare*, manter-se debaixo; de *substantia*, o que está debaixo, o suporte. Designa a realidade permanente que serve de substrato aos atributos que mudam; é o que fica por baixo das aparências, sem mudança, e que se opõe aos acidentes variáveis, isto é, às qualidades contingentes. De modo que, sendo o corpo e a alma substâncias, eles são independentes e autônomos, não precisando de nada além de si mesmos para existir.

Depois de Descartes, temos tentado arduamente reconciliar os pontos de vista que o filósofo francês separou, alargando nossa reflexão para que ela possa integrar a vida, ou seja, temos tentado ultrapassar essa distinção na direção da união que a nossa experiência muito cotidiana atesta. Aqui, duas vias foram abertas. Podemos chamar uma delas de pós-dualista e a outra, de fenomenológica ou não dualista.

A primeira via, pós-dualista, comporta duas direções muito diferentes. Por um lado, a dualidade dos termos é aceita e assumida e a sua união é fundada a partir dessa dualidade e da identificação e superação do que é obstáculo a uma relação autêntica. O spinozismo é a versão mais potente dessa metafísica pós-cartesiana e entende ser a caracterização da alma e do corpo como substâncias o que constitui obstáculo a sua união. Para Spinoza (1677), ao contrário de Descartes, só há uma substância (Deus ou Natureza) com infinitos atributos dos quais só conhecemos dois: o pensamento e a extensão. Então, *psique* e *soma* já não são substâncias autônomas e independentes, mas atributos de uma única substância. Dito de outro modo, não há que unir o que não está substancialmente separado – problema resolvido.

A outra direção da via pós-dualista é bem mais problemática, porque é muito perigosa. Trata-se da contestação do dualismo de substância através do projeto de reconduzir – e, portanto, reduzir – a dualidade à unidade pela subordinação de um dos termos ao outro. O caso do materialismo nos interessa particularmente porque se refere aos esforços renovados e incansáveis de fazer a *psique* aparecer como epifenômeno do corpo, reduzido ao cérebro. Ou seja, naturalizar o pensamento e explicar a *psique*, em todas as suas dimensões, a partir do funcionamento do cérebro que é seu substrato (EHRENBERG, 2004/2009 e CANGUILHEM, 1980/2006). Esta saída tem levado a problemas nada teóricos, porque participam profundamente da imagem de homem que fazemos e, portanto, do modo como operamos as intervenções em nossa clínica. Mais radicalmente, esses problemas pretendem mesmo determinar os limites de nossa clínica.

A naturalização do psiquismo

Exemplos disso não faltam. Há mais de 10 anos a imprensa americana apresentou como descoberta científica o fato de pesquisadores da Universidade da Califórnia terem comprovado que terapias não-químicas (no caso, a terapia cognitivo-comportamental, mas isso é o de menos) provocam alterações comparáveis a intervenções químicas do ponto de vista da atividade cerebral (CALIGARIS, 1996). Mais recentemente, a *Folha de São Paulo* (10/08/2001) publicou pequena reportagem sobre um estudo com doentes do mal de Parkinson realizado por pesquisadores da Universidade da Colúmbia Britânica (Canadá) cujos resultados sugerem que o simples ato de receber algum tipo de tratamento pode produzir efeitos devido à expectativa de benefício que ele cria. No caso desses doentes canadenses, a crença de estarem tomando algo realmente eficaz contra sua doença teria causado a liberação de dopamina, um mensageiro químico do cérebro envolvido, entre outros, no controle dos movimentos automáticos e involuntários do corpo. Com essa descoberta, os cientistas da Colúmbia Britânica pretendiam desfazer as crenças correntes entre eles de que no corpo humano não haveria nenhum tipo de resposta química correspondente ao efeito placebo e de que qualquer efeito verificado seria apenas resultado de autossugestão. Para esse grupo de cientistas, ao contrário, o chamado efeito placebo provocaria alterações cerebrais de magnitude e realidade comparáveis às provocadas por anfetaminas – substâncias conhecidas por liberar grandes quantidades de dopamina.

Antes desses estudos, em 1888, Freud fez uma descoberta parecida. Trabalhando com pacientes histéricas, ele percebeu que os tratamentos psíquicos eram tão eficazes quanto os que intervêm no corpo da paciente. Ou seja, que qualquer tipo de intervenção (química, verbal etc.) é necessariamente, em parte, de natureza física e, em parte, de natureza psíquica. 121 anos depois de Freud, será que estaríamos um pouco mais próximos da controversa comprovação científica, cuja inexistência serviu de argumento contra a teoria e a clínica psicanalíticas? Teríamos enfim encontrado a caixa preta do psiquismo humano?

Essa questão é importante porque problematiza os limites epistemológicos, metapsicológicos e clínicos da psicanálise. Mas o que chama a atenção nessa reportagem nem é tanto a verificação empírica, oficialmente científica, da reciprocidade da relação entre a biologia do corpo e as variações psíquicas. Não há aí surpresa nenhuma. A manchete da reportagem, *Substância inócua combate Parkinson*, esta sim causou estranheza. Mesmo depois de provado cientificamente que imaginar a própria melhora quando se está doente pode ser extremamente benéfico, inclusive do ponto de vista neuroquímico, pretende-se continuar fazendo crer que essas variações foram produzidas por uma substância, o placebo.

Trata-se, na verdade, de um projeto de naturalização do psiquismo que vem sendo implantado desde meados do século XX em conformidade com a hegemonia pretendida pela concepção do ser humano como máquina que pode ser projetada, construída e programada. Desse ponto de vista, assim como o fígado secreta a bile, o psiquismo seria somente uma secreção cerebral, como disse Canguilhem, numa conferência célebre proferida em dezembro de 1980. Nessa conferência, Canguilhem combatia em bloco não as ciências e seus avanços, não os trabalhos modernos sobre os neurônios, os genes ou a atividade cerebral (embora algumas das conclusões desses trabalhos devam mesmo ser combatidas). Canguilhem (1980) atacava ferozmente as psicologias que, ao misturar ciência da cognição, inteligência artificial, experimentalismo, neurobiologia etc., não passam de instrumentos de poder, biotecnologias do comportamento humano que enfraquecem a liberdade e a potência de pensar.

Como devemos entender tais discursos biologizantes e como evitar assumir uma postura pusilânime, defensiva e conservadora que faz com que pareçamos defensores de um espiritualismo "retrô" e de uma ilusão religiosa que nós mesmos nos esforçamos por dissolver? Uma rápida consulta à bibliografia sobre as relações entre psicanálise e neurociências, particularmente, mostra que há um aspecto importante que aparece mais claramente quando fazemos um recuo estratégico das bordas do campo psicanalítico para o centro da metapsicologia. Trata-se de uma questão teórica e clínica central para a psicanálise e nem de longe esgotada: a das relações em diversos níveis entre corpo e psiquismo.

O problema do corpo em psicanálise

A bibliografia especificamente psicanalítica – especialmente a francesa – privilegia o problema da representação psíquica do corpo, de como ele é, mais do que afetado, constituído pelo simbólico e pelo imaginário. Noutras palavras, de como o corpo é feito de palavras. Isso é verdadeiro do ponto de vista da psicanálise, mas é só parte do problema. Tomá-lo pelo todo resulta em equívocos tão teoricamente ingênuos e clinicamente graves quanto os cometidos pela neurociência mais reducionista. É muito comum a classificação de determinados trechos do texto freudiano como resquício de biologismo, sobra da formação positivista de Freud, assignificantes e mesmo desimportantes. É igualmente usual tais trechos serem lidos sem sequer ser problematizados. Parece que importa somente destacar a originalidade de Sigmund Freud e, a partir dele, da psicanálise em geral por ter descoberto que o corpo humano é formado, afetado e determinado pela linguagem ou pela representação, para usarmos termos estritamente freudianos.

Não se trata de discordar da descoberta freudiana, mas, ao contrário, de compreendê-la em toda a sua complexidade. O problema do corpo na psicanálise não se esgota na afirmação de não haver corpo sem palavras que o constituam como tal. Ou, noutras palavras, de que é somente do lugar da linguagem que podemos falar desse corpo. De fato, se falarmos seja o que for, estamos na linguagem. Mas daí a concluir que só e somente só o que importa na determinação do corpo e do psiquismo sejam as palavras a distância é grande e muito frequentemente tratada como desprezível.

Por outro lado, é igualmente corriqueiro hoje em dia tais trechos serem tratados como reveladores não apenas da inspiração, mas da verdadeira vocação da psicanálise para se integrar ao quadro das ciências naturais e salvar-se da morte através da adesão ao método experimental. Tratar-se-ia de levá-la de volta para o lugar de onde nunca deveria ter saído, a saber, o domínio das ciências do cérebro. Se Freud se afastou do laboratório, foi por falta de tecnologia adequada para dar prosseguimento ao seu projeto para uma psicologia científica. Suas hipóteses podem e devem ser (ou não) confirmadas por evidências científicas. Ora, ninguém duvida de que há relação entre os estados psíquicos e os estados somáticos. Mas daí a concluir que só e somente só o que importa na determinação do corpo e do psiquismo sejam os processos biológicos a distância é grande e muito frequentemente tratada como desprezível.

Deixando em suspenso a questão do sentido que fazia para Freud pretender que a psicanálise fosse uma ciência natural – o que implicaria uma pesquisa sobre o seu conceito de natureza –, o acompanhamento de sua produção desde seu início, texto a texto, nos faz perceber que essa problemática das relações entre corpo e psiquismo permeia toda a sua obra. Num primeiro momento, ela aparece diretamente ligada à questão das relações entre cérebro e pensamento e é mais explícita. Depois, se torna subterrânea, mas está lá, em operação, vindo novamente à tona, por exemplo, com a circunscrição do conceito de pulsão, ou mesmo antes, com a problematização da sexualidade. Em vez de respostas conclusivas, encontramos diversos pontos de articulação, dos quais podemos selecionar alguns e organizá-los em dois blocos (WINOGRAD, 2002).

OS PRESSUPOSTOS DO PENSAMENTO FREUDIANO

O primeiro bloco diz respeito aos pressupostos mais ou menos implícitos do pensamento freudiano. São pontos de vista e posicionamentos teóricos *a priori*, ou seja, que sobredeterminam a imagem de psiquismo que Freud construiu. O segundo bloco é formado pelos conceitos metapsicológicos de pulsão, afeto e isso, derivados dos pressupostos. São o que gosto de chamar de conceitos-membrana, ou simplesmente *membranas*, inspirada na ideia freudiana de conceito-limite, em alemão, *Grenzbegriff* (*Grenz*: limite, fronteira; *begriff*: conceito). Com efeito, *Grenzbegriff* pode ser compreendido como estando na fronteira, como sendo um conceito fronteiriço. Mas isso acontece apenas à medida que ele é a própria fronteira, ou seja, visto que delimita determinada região e opera trocas com as regiões vizinhas (WINOGRAD, 2006).

Se é assim, se para Freud há regiões diferentes, mas fronteiriças, devemos perguntar: que fronteira é essa (ou que limite é esse)? Que regiões estão sendo delimitadas? O termo *Grenzbegriff* foi utilizado para definir uma força de fonte corporal que exige a constituição da alma e é sua mola mestra: "A pulsão é um conceito-fronteira entre o anímico e o somático" (FREUD, 1915/1996, p. 117). Dessa frase basta, por ora, que consideremos o seguinte: Freud pensava o anímico e o somático como duas ordens de realidade distintas, a realidade das ideias e a realidade das coisas, ou, se preferirem, a realidade psíquica e a realidade objetiva. Numa carta escrita para Georg Groddeck em 5 de junho de 1917, Freud responde à tentativa de ser convencido de um ponto de vista monista: "Receio que o Sr. seja também um filósofo e que tenha a tendência monística a desdenhar todas as belas diferenças na natureza em troca do engodo da unidade. Estaremos assim nos livrando das diferenças?" (Id., 1917/1994, p. 11). Mas essa crítica ao monismo de Groddeck não fazia de Freud um dualista de substância: ele nunca duvidou de que o psiquismo está em relação com os processos somáticos e que depende deles para acontecer. A questão é: a que tipo de relação o metapsicólogo se referia.

Por exemplo, em sua juventude, Freud (1888) propôs que se desautorizasse a pergunta sobre se determinados fenômenos como a hipnose mostram processos psíquicos ou processos fisiológicos. Para ele, esse era um falso problema: processos fisiológicos e processos psíquicos acontecem concomitantemente e na interdependência uns dos outros; não são processos autônomos, mas também não podem ser reduzidos uns aos outros com o estabelecimento de uma hierarquia causal. Pois bem, esse é o *primeiro pressuposto* que eu gostaria de destacar. É o mais determinante, o fundamento mesmo de todo o resto — a ideia de *concomitância dependente*. Ela foi formulada explicitamente no primeiro livro de Freud, publicado em 1891, quando ele tinha 35 anos, e expressa a ideia de que os processos fisiológicos no sistema nervoso não se encontram numa relação de causalidade com os processos psíquicos, ou seja, os processos psíquicos são paralelos aos processos fisiológicos, são concomitantes dependentes. Dito de outro modo, os processos psíquicos se dão ao mesmo tempo que os fisiológicos, dependem deles para acontecer, mas não são a eles redutíveis (WINOGRAD, 2004).

O *segundo pressuposto* deriva do primeiro e diz respeito à pertença de Freud a uma linhagem de pensamento *evolucionista* expressa exemplarmente em sua tentativa de inventar uma filogenética anímica, paralela, concomitante, dependente e numa relação de ação recíproca com a filogenia biológica. Com isso, tentava explicar a gênese das formas anímicas atuais e suas variações do ponto de vista de uma memória coletiva. Noutras palavras, tentava entender como o psiquismo humano chegou à organização a que chegou, quais os tipos que se pôde encontrar e por que esses e não outros? (WINOGRAD, 2007a)

Já o *terceiro pressuposto*, derivado do segundo, é expresso na ideia de *equação etiológica*, posteriormente complementada com a de *séries complementares*. A ideia de uma equação etiológica sugere que, na origem e no devir de cada psiquismo em particular, opera a conjugação quantitativa de fatores constitucionais e acidentais, nos termos do próprio Freud (1895/1996). Hoje poderíamos dizer tratar-se da conjugação de fatores genéticos e de fatores ambientais. Vê-se que aqui a questão das relações entre corpo e psiquismo se confunde com o problema da oposição inato/adquirido, hereditário/acidente. Oposição que, em Freud, perde seu sentido, pois para ele o indivíduo é o que ele traz à vida e o que a vida lhe traz. Não há como separar a alma daquilo que a fabrica (WINOGRAD, 2007b).

Voltando ao primeiro pressuposto da teoria freudiana, a ideia de concomitância dependente aparece claramente em seu prólogo à tradução do livro de H. Bernheim, *De la suggestion*, de 1888. Nele, Freud (1888/1996) apresenta o problema de como o hipnotismo deveria ser considerado: como fenômeno psíquico (desencadeado a partir da "sugestão") ou como fenômeno fisiológico. Como era de se esperar, ele não assume nenhuma das duas posições. Ao contrário, empenha-se em descrever tanto os processos fisiológicos quanto os psicológicos envolvidos e justifica seus argumentos concordando com Bernheim sobre o equívoco de classificar os fenômenos hipnóticos como puramente fisiológicos ou puramente psíquicos. Trata-se, na verdade, de um processo de dupla face que implica, simultaneamente, variações psíquicas e fisiológicas. A especificação, de acordo com sua natureza, dos mecanismos em ação na hipnose deve, portanto, ser considerada um falso problema.

Dois anos depois, em 1890, no artigo "Tratamento psíquico", versando mais uma vez sobre o polêmico tratamento hipnótico, Freud afirmou que

> a medicina moderna teve ocasião suficiente de estudar os nexos entre o corporal e o anímico, nexos cuja existência é inegável; mas, em nenhum caso, deixou

> de apresentar o anímico como comandado pelo corporal e dependente dele. Destacou, assim, que as operações anímicas supõem um cérebro bem nutrido e de desenvolvimento normal, de sorte que resultam perturbadas toda vez que esse órgão se enferma; [...]. A relação entre o corporal e o anímico (no animal, tanto como no homem) é de ação recíproca; mas, no passado, o outro flanco dessa relação, a ação do anímico sobre o corpo, encontrou pouca honra aos olhos dos médicos. Pareciam temer que, se concedessem certa autonomia à vida anímica, deixariam de pisar o terreno seguro da ciência (FREUD, 1890/1996, p. 116).

Com algumas exceções tão louváveis quanto escassas, é assim ainda hoje e cada vez mais, como demonstra o editorial da *Nature* de 15 de outubro de 2009, cujo subtítulo é "Se a Psicologia Clínica nos EUA quer continuar viável e relevante no sistema de saúde atual, ela precisa aderir publicamente à ciência". O texto defende o retorno da Psicologia Clínica à ciência através da experimentação e da busca de evidências científicas de sua eficácia. Evidentemente começa batendo na Psicanálise e descrevendo o choque dos cientistas com o desembaraço com o qual Freud elaborou suas teorias baseado em evidências essencialmente não empíricas. Essa seria uma das principais razões por que a psicanálise de estilo freudiano teria há muito saído de moda. De fato, Freud parecia não ter medo de conceder certa autonomia à vida psíquica, nem duvidava de que, mesmo fazendo isso, continuava a pisar no terreno seguro da ciência.

Talvez, ao invés de chocados, devamos realmente seguir o conselho freudiano e tratar como falsas as conclusões, tiradas da verificação experimental, de que os processos cerebrais são as causas primeiras das variações psíquicas. Só o que a verificação experimental nos mostra é que ambos estão acontecendo ao mesmo tempo: sempre que há uma variação psíquica (ou seja, o tempo todo quando se está vivo – pelo menos, deveria ser assim), há também uma variação cerebral.

Esse é o pressuposto que vai operar de modo implícito na elaboração da metapsicologia, na qual o problema das relações entre corpo e psiquismo aparece em três conceitos fundamentais – não são os únicos, mas talvez sejam os mais expressivos. Sabemos que um conceito é formado por elementos que se tornam seus componentes inseparáveis, embora sejam distintos e heterogêneos. É isso o que define sua consistência interior, sua endoconsistência (DELEUZE & GUATTARI, 1992). E cada componente distinto apresenta um recobrimento parcial em sua vizinhança com outro. Por exemplo, no caso da força que anima a alma, a pulsão, cujos componentes Freud discerne com clareza, o objeto (infinitamente variável), a fonte (corpo vivo), a pressão (intensidade constante) e o alvo (descarga ou satisfação) são inseparáveis, embora sejam distintos. A pressão não existe sem a fonte, embora se diferencie dela como a força é distinta do músculo que a atualiza; por sua vez, ao mesmo tempo que a satisfação não se confunde com o objeto (daí sua variabilidade ao infinito), ela acontece através dele, constituindo-o como tal.

Esta inseparabilidade define a consistência interior do conceito, mas este tem igualmente uma exoconsistência relativa aos outros conceitos situados no mesmo plano de pensabilidade ou em outros planos diferentes. São os pontos de vizinhança, de indiscernibilidade entre eles, onde já não é possível decidir a que ordem de acontecimentos se referem. Por isso, a exoconsistência implica a construção de uma ponte (Id., ibid.). No exemplo da pulsão, essa ponte é evidente em pelo menos um de seus elementos, a fonte (corpo). Daí Freud ser levado a situá-la nas fronteiras da psicanálise com os saberes sobre o corpo e nas fronteiras do aparelho psíquico com o corpo. Porém não é somente a *pulsão* que realiza essa ponte. Embora ela seja o único conceito-limite propriamente dito, o metapsicólogo monta pelo menos mais dois: *afeto* e *isso*.

LIMITES DISSOLVIDOS NA ATIVIDADE VITAL

Seja como for, sejam quais forem as entradas escolhidas, veremos sempre que os limites entre *psique* e *soma* estão dissolvidos. Mesmo se aceitarmos a ideia de que corpo e psiquismo não são a mesma coisa (coisa em sentido coloquial, por óbvio) veremos que de um a outro não há barreiras a serem transpostas ou superadas, mas um contínuo. Como nas pinturas impressionistas, nas quais a passagem de uma imagem a outra se faz não com contornos demarcados, mas através de uma gradação na intensidade e nas cores. É que a questão não é tanto ultrapassar o dualismo cartesiano, mas perceber que a única maneira de pensar verdadeiramente a união efetiva entre *psique* e *soma* é suspender a dualidade em proveito da tomada em consideração da especificidade da vida.

É assim que procede Kurt Goldstein (1939/1995), apoiando-se no estudo de pacientes com lesão cerebral. Tendo influenciado mestres como Merleau-Ponty, Canguilhem, Cassirer e Binswanger, Goldstein entendia que o organismo não consiste em olhos, pernas, cérebro, mente etc: é um organismo *com* olhos, pernas, cérebro, mente etc. Quando algo acontece a alguma parte dele, afeta o todo que reage inteiramente à situação. Ou seja, o organismo é um todo e não uma coleção de partes. Isto vale também para o que estamos chamando aqui de *psique* e *soma*: para Goldstein corpo e psiquismo não podem ser pensados separadamente porque são partes de um único sistema: o que afeta um afeta necessariamente o outro. Somático e psíquico devem ser compreendidos como momentos da totalidade viva que é cada um de nós, ou seja, como maneiras diferentes de se relacionar com o meio.

Se é assim, como quer Goldstein, não há mais nem *soma*, nem *psique*, mas uma só vida, fundo sobre o qual a alma e o corpo se destacam como modalidades específicas de relação com o meio. Ou seja, há um gênero de ser que é apreendido como somático ou como psíquico segundo a modalidade de sua relação ao meio. É essa modalidade específica que é hipostasiada nos conceitos de corpo e de alma. Dito de outro modo, *psique* e *soma* não são substâncias, mas figuras sobre o fundo comum da atividade vital.

Referências bibliográficas

CALLIGARIS, C. "A ressaca do Prozac e o milagre da fala", *Folha de São Paulo*, 17 de março de 1996.

CANGUILHEM, G. (1980) "O cérebro e o pensamento". *Revista Natureza Humana,* 8 (1): 183-210, jan.-jun. 2006.

DELEUZE, G. & GUATTARI, F. *O que é a filosofia?* São Paulo: Editora 34, 1992.

DESCARTES, R. (1641) *Meditations metaphysiques*. Paris: Quadrige, 2004.

EHRENBERG, A. (2004) "O sujeito cerebral". *Revista Psicologia Clínica*, 21 (1): 187-213, 2009.

FREUD, S. (1888) "Prólogo a la traducción de H. Bernheim, 'De la suggestion'". In: *Obras completas*, v. 1. Buenos Aires: Amorrortu, 1996.

————. (1890) "Tratamiento psíquico". In: *Obras completas*, v. 1. Buenos Aires: Amorrortu, 1996.

————. (1891) *Contribution à la conception des aphasies*. Paris: PUF, 1986.

————. (1895) "Sobre la justificación de separar de la neurastenia un determinado síndrome en calidade de 'neurosis de angustia'". In: *Obras completas*, v. 3. Buenos Aires: Amorrortu, 1996.

————. (1915) "Pulsiones y destinos de pulsión". In: *Obras completas*, v. 14. Buenos Aires: Amorrortu, 1996.

————. (1917) Carta a G. Groddeck (june/5/1917). In: GRODDECK, G. *O homem e seu Isso*. São Paulo: Perspectiva, 1994.

GOLDSTEIN, K. (1939) *The organism: a holistic approach to biology derived from pathological data in man*. Nova Iorque: Zone Books, 1995.

JACOB, A. (org.) *Encyclopédie Philosophique Universelle*. Paris: PUF, 1995.

SPINOZA, B. (1677) *Éthique*. Paris: Seuil, 1988.

WINOGRAD, M. "Freud, o corpo e o psiquismo". *Revista Percurso*, 28 (1): 37-43, 2002.

————. "Entre o corpo e o psiquismo: a noção de concomitância dependente em Freud". *Revista Psyche*, VII (14): 95-108, 2004.

————. "A pulsão e as fronteiras da psicanálise". *Revista Trieb* (SBPRJ), 5 (1): 43-57, 2006.

————. "Freud e a filogenia anímica". *Revista do departamento de Psicologia da UFF*, 19 (1): 62-89, 2007a.

————. "Disposição e acaso em Freud: uma introdução às noções de equação etiológica, séries complementares e intensidade pulsional no momento". *Revista Natureza Humana*, 9 (2): 299-318, 2007b.

Os limites da representação psíquica

Regina Herzog

A questão do limite ou dos limites na psicanálise tem uma abrangência que torna difícil sua abordagem sem com isto colocar em risco não só a direção da cura como também a trama conceitual. Em outras palavras, este tema interroga nosso campo de atuação, vindo a todo momento barrar qualquer pretensão de completude, de tudo poder, tudo saber ou tudo fazer.

Já Freud, em dois textos memoráveis – "Construções em análise" e "Análise terminável e interminável" – ambos de 1937, traz a questão do limite: limite da clínica e limite da própria psicanálise. E, por fazer parte de sua preocupação, fica a indagação sobre a pertinência de circunscrever esta questão como tema da atualidade ao nos depararmos com modalidades de padecimento psíquico que remetem à falta ou ao excesso de limites, tais como estados compulsivos, anorexias, estados depressivos, fenômenos de pânico, dentre tantos. Quadros que, por sua vez, vêm trazendo questionamento ao dispositivo psicanalítico bem como a uma concepção de sujeito que tem no desejo seu motor e na culpa seu operador.

Manter a ideia de atualidade do tema tem, para nós, um sentido particular. Não é o caso de dizer que estas modalidades não tinham lugar na época de Freud e, dado que a concepção psicanalítica de sujeito está ultrapassada, caberia erigir um novo modelo de sujeito. Ou seja, que só agora estas modalidades passaram a ser objeto de estudo e de preocupação entre nós, psicanalistas. O uso do termo atual, pelo contrário, remete justamente ao fato de que são questões trazidas lá de trás e de que reconhecemos no aqui e agora o que já instigava Freud. A psicanálise não é – como alguns querem fazer parecer – uma teoria que lamenta "a desintegração dos antigos modos tradicionais de estabilidade e sabedoria e nos impele a descobrir nossas raízes [...] no conhecimento de si profundo" (ZIZEK, 2007, p. 456).

Este modelo de estabilidade e sabedoria remete à ideia de soberania da autoridade simbólica que funcionava como o que instaura a Lei à qual o sujeito deve se submeter. Ora, Freud foi quem mostrou que o sofrimento psíquico decorre justamente desta disposição à submissão. E, apesar disso, muitos são os que lamentam a perda deste modelo, decorrente do declínio da família e da autoridade simbólica ou mesmo da injunção nos dias de hoje de que é proibido proibir: há que gozar a qualquer preço e outras tantas imposições do gênero. E mais, Freud nunca disse que a autoridade simbólica seria fundamental para o sujeito. O que ele disse é que há um mal-estar inerente à condição humana na sua relação com o outro (FREUD, 1930 [1929]/1976). E, ainda, que a todo momento cada um engendra formas diversas – mais ou menos criativas – de lidar com esse mal-estar. Nestes termos nos soa bastante estranha a crítica ao dispositivo psicanalítico e/ou à sua trama conceitual.

Esta visada levanta outra ordem de questão com respeito à ideia de que hoje estamos diante de novas patologias: se a atualidade não diz respeito a uma novidade, como falar de novas patologias? Todavia, aqui também não é o caso de dizer que hoje não estejamos diante de configurações subjetivas singulares e que dispositivos clínicos não devam ser pensados em função dessas configurações. O perigo reside em se empregar o termo novo como oposto a velho, a ultrapassado: velho modelo de sujeito, dispositivo clínico ultrapassado. Quantas vezes não ouvimos o lamento: "já não se fazem mais neuróticos como antigamente!", "A interpretação como a tarefa por excelência de tornar consciente o inconsciente de nada serve em nossos dias!", "Logo, abaixo a interpretação!".

Ao falar de limite da clínica ou limite da psicanálise, Freud busca mostrar que a psicanálise se inventa no limite, isto é, que estamos sempre no limite de algo que se atualiza na relação transferencial, que insiste e que empurra adiante. Dentro desta perspectiva o limite da clínica é, então, o que torna o fazer psicanalítico singular, único.

Em função deste modo de olhar não há, ao longo do pensamento freudiano, um tratamento uniforme acerca da problemática do limite. Em "Análise terminável e interminável" (1937a/1976) Freud toca a questão ao se mostrar bastante cético quanto à "eficácia terapêutica" do método psicanalítico em um movimento claramente oposto ao apresentado nos artigos técnicos de 1912 ou mesmo em comparação com textos anteriores a esta época. Este ceticismo está referido aos obstáculos com que se defronta no processo analítico, notadamente em relação às limitações da psicanálise na direção da cura. É curioso que, ao falar disso, Freud remeta como justificativa a fatores de natureza fisiológica e biológica – a força constitucional das pulsões, a relativa fraqueza do eu em função da puberdade, a menopausa, as doenças físicas – e, também, ao mais importante e incontrolável dos fatores: a pulsão de morte. Tudo isso estabelecendo limite, segundo Freud.

Este texto, juntamente com "Construções em análise", do mesmo ano (1937b/1976), se situa como um dos dois únicos que tratam especificamente da clínica após 1920; ambos são emblemáticos de uma posição de Freud que muitos designam como pessimista. Todavia, uma leitura mais acurada nos permite defender, em lugar de pessimismo, uma posição disruptiva: uma posição que rompe com qualquer pretensão de conceber a psicanálise como ortopedia da alma.

As considerações apresentadas até aqui têm como objetivo mapear o tema do presente artigo. O limite da representação psíquica se inscreve, a nosso ver, em uma questão mais ampla que fornece as ferramentas necessárias para pensar hoje a psicanálise. Delinear o que vem a ser o limite da representação psíquica é pensar qual o sentido a ser dado a este limite. Em que medida, podemos indagar, este limite barra a psicanálise como método de acesso aos fenômenos inconscientes? Ou será que este limite opera mais propriamente como instigador do próprio fazer psicanalítico? Qual o lugar e qual o estatuto a ser dado à representação psíquica neste contexto? E, mais, será que tudo o que estiver para além deste limite é da ordem do excesso ou do irrepresentável? Quando se diz "limite da representação psíquica", se diz a partir de que referencial?

Hoje lemos, e nós próprios costumamos afirmar, que nas perturbações psíquicas contemporâneas – patologias narcísicas, depressões, drogadicções, anorexias dentre outras – se está diante de uma dificuldade de metaforizar, questionando em última instância o próprio dispositivo clínico. Este dispositivo se baseia na associação livre, na escuta flutuante e na interpretação e vai abrir, para o analisando, a possibilidade de elaboração simbólica. Tomando esta perspectiva, restariam duas alternativas: ou se representa (se simboliza) ou não se faz análise. Será que é aí que reside o limite da representação psíquica, uma vez que a elaboração simbólica é pensada como equivalente do que se considera como representar, ou mesmo metaforizar? Seguindo a clássica distinção entre o registro da representação e o registro pulsional, caberia então falar de algo da ordem do irrepresentável? Não seria disso que Freud falava quando se referia ao umbigo do sonho como um núcleo duro inatingível?

De acordo com o título da presente coletânea, a proposta dos artigos é discutir, a partir dos limites da clínica, a viabilidade de uma clínica dos limites. Tal configuração nos conduz à necessidade de olhar esta questão mais de perto, indagando, antes de tudo, qual o estatuto deste "irrepresentável". A depender de como se entende ou se dispõe esta expressão "representação psíquica", isto vai implicar uma determinada leitura quanto aos limites. Cabe, para tanto, acompanhar de forma breve o encaminhamento dado por Freud no que concerne à ideia de representação em sua trama conceitual.

Em uma primeira aproximação, vamos lembrar como Freud dispõe o aparelho psíquico na primeira tópica (FREUD, 1900/1976): lugar onde circulam as representações inconscientes e conscientes. Trata-se de um aparelho, como diz muito bem David-Ménard (2000a, p. 7), "de prazer, de desprazer e angústia e, também, de um aparelho de pensar e falar". E a partir destes registros podemos falar de um aparelho de descarga, a qual se dá pela "motricidade, na passagem do afeto para a inervação somática" (Id., ibid., p. 8). Isto significa que o aparelho psíquico não se restringe a representar. De fato, se seguirmos Freud ao pé da letra, veremos que ele remete a um aparelho de alucinar, o que faz toda a diferença. E por que um aparelho de alucinar?

Tanto no "Projeto para uma psicologia científica" (1950 [1895]/1976) quanto em "A interpretação de sonhos" (1900/1976) Freud se refere à experiência primária de satisfação, que consiste no apaziguamento de uma tensão interna criada pela necessidade; nesta experiência produz-se uma marca da descarga, ou seja, a satisfação se liga à imagem do objeto que a proporcionou. Quando aparece novamente o estado de tensão, a imagem do objeto é reinvestida, produzindo algo análogo à percepção, que ele designa como uma alucinação. Assim, satisfação real e satisfação alucinatória estão na base do desejo, fazendo com que o aparelho psíquico seja antes de tudo um aparelho de alucinar. Vai ser somente com a inibição da descarga realizada pelo "eu" que este investimento poderá ser barrado, levando a um investimento fora de si.

Esta primeira aproximação nos indica o quanto é inapropriado pensar este aparelho como um aparelho de representar e, simultaneamente, o quanto é preciso rever o que se entende por representação psíquica no seio da elaboração freudiana.

Prosseguindo com o objetivo de nos acercarmos do problema do limite tanto na clínica quanto conceitualmente, passemos ao segundo ponto: temos a tendência de conceber que o limite aponta para algo além da representação. Ao proceder assim nem sempre se tem a preocupação de distinguir linguagem de representação de outros termos correlatos; o que mais importa, no modo de dispor o problema, fica por conta deste "algo além" como remetido à ordem do irrepresentável. E aí, novamente, termos como excesso, intensidade, afeto se embaralham na tentativa de explicitar o irrepresentável. O grande risco que corremos, fora esta indistinção terminológica, é acabar instituindo uma lógica binária que funciona na base de duas ordens, dois universos ou dois registros – conforme se queira chamar – e que remete à dupla força e sentido, outro nome que se dá à dupla pulsional e representacional, ou ainda, *logos* e *pathos*. Outro risco é o de estabelecer no par representável/irrepresentável o primeiro termo como referência, pois é o que faculta uma ordenação ao conjunto da produção psíquica.

Esta lógica, por sua vez, cria mais um problema, pois em se tratando da pulsão nos vemos diante da questão dos representantes pulsionais (os delegados da pulsão: representante representação e o afeto; em outras palavras, *Vorstellung* e afeto) (FREUD, 1915a/1976). Assim, na qualidade de delegados da pulsão, corre-se o risco de alocar o primeiro no registro da representação e o outro como indicando um *quantum*, uma intensidade, a tradução subjetiva da pulsão. No âmbito da clínica, acaba-se por priorizar um dos registros, chegando-se inclusive a estabelecer entre eles uma relação de oposição, como se um estivesse para além do outro, um fazendo limite ao outro. Nada mais distante da proposta freudiana, pois o ineditismo de sua elaboração é justamente a consideração de que o afeto não deve ser pensado como exterior à linguagem, mas sim na linguagem. O afeto pode até estar desligado da representação e, neste contexto, seu nome é angústia, mas jamais além ou no limite. E isto se acha claramente expresso desde os primórdios da psicanálise quando, ao se referir à histeria, Freud remete para uma representação intensiva, marcando a dificuldade, para não dizer a impossibilidade, de desvincular afeto e representação. A este respeito vale lembrar sua referência à "ideia de braço paralisado": nesta ideia tanto está presente que o corpo é da ordem da linguagem, é um corpo representado, quanto que o afeto, "sendo de início, psíquico, passaria em seguida para a inervação somática" (DAVID-MÉNARD, 2000a, op. cit., p. 9).

Desta forma, se privilegiarmos uma lógica binária (ou isto ou aquilo) e, dentro dela, escolhemos tomar como ponto de partida a representação, mais do que estabelecer uma referência terminamos por erigi-la como um referente. Nesta disposição, tudo que se diga que faça limite vai se dar sempre por referência à representação, ou seja, a representação passa a funcionar como centro ordenador. Quando se pretende dividir o mundo em duas partes, nunca se tem uma paridade; há sempre um polo que é privilegiado, que acaba sendo tomado como referência – vide, por exemplo, no par homem/mulher, branco/preto nos quais homem e branco são os termos priorizados. É neste sentido que a representação pode se tornar centro ordenador, tal como o Édipo ou a Castração o são segundo as mais diversas leituras. Certamente não se pretende aqui negar ao Édipo ou à Castração sua importância na dinâmica psíquica, mas ressaltar que, mais do que referentes, Édipo, Castração e representação, dentre outros e em níveis diferentes, são eventos, eventos em torno dos quais um processo de subjetivação tem lugar.

Marca-se aí uma grande diferença entre ordenação e organização: o primeiro termo pressupõe uma ordem em relação à qual se coloca determinada situação ou evento, em nosso caso, um sujeito; quanto ao segundo, proponho usar este termo no sentido de conformação, disposição de qualquer situação ou evento. No âmbito da clínica, pensar a representação psíquica como centro ordenador implica uma normatização, pois é em referência à possibilidade de metaforizar – sentido que se costuma dar a representar – que tudo se passa. Com relação à organização, a representação se mostra como uma das possibilidades de dispor os elementos em jogo na dinâmica psíquica.

A partir desta perspectiva, não faz sentido questionar a eficácia do dispositivo analítico alegando que agora não se metaforiza mais; metaforizar nada mais é que um dos eventos possíveis para expressar o mal-estar subjetivo.

Esta configuração vai implicar outro modo de pensar tanto a clínica quanto a trama conceitual que a sustenta quando nos deparamos com queixas difusas, discursos aparentemente desconexos, atuações das mais variadas espécies. Mais correto é dizer que vai implicar ampliação do modo de conceber a clínica e a trama conceitual. Para tanto, vamos nos servir de uma figura presente no pensamento freudiano e de grande relevância – ainda que não lhe seja conferido o estatuto de conceito. No texto "A interpretação de sonhos" (1900/1976, op. cit.), Freud faz uso de uma expressão, *Darstellung* – que se traduz por apresentação, presentificação ou figurabilidade –, para descrever um dos modos a que estão submetidos os pensamentos do sonho, os outros sendo: condensação, deslocamento e elaboração secundária. Cabe lembrar que os dois primeiros foram retomados por Lacan (1957/1966) com as figuras da metáfora e da metonímia e que todos são de crucial importância para a formação onírica. A palavra *Darstellung,* na pena de Freud, é algumas vezes tomada como representação (*Vorstellung*). Todavia, o fato de *Darstellung* "ter o sentido geral de meio de expressão e de representação" (DAVID-MÉNARD, 2000b, p. 102), e por isto se confundir com *Vorstellung*, não desvirtua o seu sentido. Muito pelo contrário: esta proximidade entre os dois termos (em uma relação de sinonímia) mostra como a própria concepção de representação merece ser matizada, remetendo à situação de encenação. Sobre a *Darstellung* temos pouca coisa trabalhada na literatura psicanalítica. David-Ménard é uma das autoras que se dedicam a pensar esta figura, traçando o percurso do termo na obra de Freud.

A despeito de considerarmos de suma relevância nos debruçar sobre esta figura no bojo da elaboração freudiana, para a nossa argumentação importa mais indicar o deslocamento que ela promove na concepção tradicional de representação. Esta última opera como a referência maior de um modo de funcionamento psíquico, conforme vemos no texto "O inconsciente" (FREUD, 1915b/1976), que trata das questões que envolvem a comunicação e a passagem entre as representações inconscientes e conscientes. Sem dúvida, conforme ressalta Garcia-Roza (1991), Freud elabora uma teoria da representação que recebe a influência de vários filósofos que o antecederam. No texto sobre as afasias (1891/1987) Freud apresenta o aparelho de linguagem no qual a noção de representação tem lugar de destaque. E já neste momento sua teoria não concebia a representação como representação de algo externo. Sua descrição deste aparelho difere da de um aparelho de percepção "que nos colocaria frente a coisas a serem percebidas" (GARCIA-ROZA, 1991, p. 40); trata-se de um aparelho que se constitui diante de outro aparelho de linguagem.

Segundo nosso ponto de vista, a figura da *Darstellung* permite discernir uma linguagem verbal e uma linguagem do sensível. A este propósito, cabe ressaltar que não se trata de duas linguagens que se opõem. Tal como salientado por Schneider (1993, p. 80) ao trabalhar a questão do afeto e da linguagem nos primeiros escritos de Freud, não se trata de "opor afeto e expressão-verbal" no pensamento freudiano. Para além de um polo impressivo, o afeto comportaria também uma expressão. E nesta perspectiva "a expressão afetiva participaria, por si mesma, no que constitui a essência da linguagem" (Id., ibid, op. cit.).

Tomando as duas figuras – *Darstellung* e *Vorstellung* – neste registro, a ideia é de que se opera uma passagem de mão dupla entre estes dois regimes, sem com isso estabelecer uma lógica binária. Trata-se, mais propriamente, de mostrar que *Darstellung* e *Vorstellung* não são figuras excludentes, não são opostos, pois mantêm uma relação de derivação.

Para não cair na armadilha de uma lógica dualista é necessário apoiarmo-nos em uma concepção particular de linguagem. Podemos ter uma concepção formalista da linguagem que se baseia na ideia de que a palavra está no lugar da coisa (ausente), ou seja, privilegia a linguagem em termos de presença e ausência. Ou podemos conceber a linguagem como presentificação (Darstellung) em termos de proximidade e distância. Quem nos ajuda a pensar esta última é Walter Benjamin (1933a/1994), filósofo contemporâneo de Freud que vai defender uma concepção mimética da linguagem, recusando tanto o caráter arbitrário quanto a função comunicativa da linguagem: para ele, a linguagem não é um meio instrumental.

Com esta teoria Walter Benjamin vai poder falar do simbólico como presentificação e não como substituto: não se trata de algo – a representação – que fica no lugar da coisa/objeto. Para ele, o simbólico é Darstellung e a mimesis implica o privilégio de uma dimensão criativa. O que está em jogo, nesta abordagem, é um processo de atualização, e não a ideia de que "a palavra se liga de modo acidental com a coisa, que ela seria um signo das coisas (ou do conhecimento delas) estabelecido por qualquer convenção" (BENJAMIN apud SELIGMANN-SILVA, 1999, p. 83). Esta última concepção, segundo ele, se caracterizaria como uma concepção eminentemente burguesa da linguagem.

Em sua teoria da *mimesis*, a figura da semelhança vai ganhar lugar de destaque. Porém há que ressaltar que semelhança não remete de modo algum a identidade, nem deve ser assimilada à ideia de reprodução. Dito de outra forma: a imagem de uma coisa não é a sua cópia, nem a representação é a ausência da coisa. Não há, assim, distinção entre palavras e coisas; ambas têm o mesmo grau de importância (HERZOG, 2010). Como bem salientado por Gagnebin (2005), Benjamin vai conceber a atividade mimética como "uma mediação simbólica".

Voltando a Freud, vejamos onde buscar em seu texto esta dimensão de *Darstellung*. Proponho tomarmos a questão do traço na "Carta 52" (FREUD, 1950 [1896]/1976), quando de sua descrição do aparelho de memória. O traço nesta descrição é efeito de uma impressão sensível (signo de percepção) e, como tal, uma *Darstellung,* uma presentificação, passível de uma montagem. Alguns comentadores compreendem o traço como *Vorstellung*, porém este primeiro momento (signo de percepção) é referido por Freud como uma inscrição articulada segundo uma associação por simultaneidade; só em seguida vai ter lugar uma transcrição, ordenada segundo outros nexos. Isto indica, sem dúvida, uma distinção sutil entre inscrição e transcrição, mas em contrapartida nos permite estabelecer uma diferença entre estes dois registros. Daí considerarmos mais apropriado dizer que o traço é o que, ao se efetuar a transcrição, se organiza como *Vorstellung*.

A partir desta leitura a concepção de aparelho psíquico fica ampliada, sendo que a produção de representação (*Vorstellung*) não é sua única alternativa; em outros termos, produzir uma narrativa encadeada não é a única saída, o próprio aparelho (de memória na "Carta 52", e psíquico na "Interpretação de sonhos") comporta diversas conformações, dentre elas a captura e inscrição de um traço. Para referendar esta leitura, vamos trazer novamente o pensamento de Benjamin (1989), que aponta dois tipos de narrativas. Denominando a narrativa encadeada como *Erfahung*, ele a concebe como uma experiência comunicável e coletiva que tinha na tradição seu fundamento;

este tipo de narrativa, segundo ele, se extinguiu, em função do desenvolvimento da técnica (BENJAMIN, 1933b/1994) e das atrocidades perpetradas na Primeira Guerra Mundial. Estes fatores históricos provocaram um tipo de vivência (traumática), fazendo com que a própria capacidade de narrar se tornasse impossível. Por isso, o que temos hoje, em lugar da narrativa tradicional (Benjamim está se referindo ao início do século XX) é de outra ordem, da ordem da informação, a qual designa como *Erlebnis* (vivência).

Para explicitar o fim da experiência que articula o presente com a tradição, Benjamin vai se servir da teoria do trauma em Freud. O tempo do choque (do trauma) é o tempo da comoção psíquica. Esta leitura, no entanto, não conduz a um lamento pela perda da narração tradicional. Benjamin não está, com isso, lamentando ou preconizando a "morte da narração". O que importa, a partir daí, é criar outras formas de narrativa, outro modo de escrever a história.

Apoiados nestas ideias, vamos retornar ao discurso freudiano: o trauma pode dificultar a *Vorstellung* uma vez que o afluxo de excitação não é capturado pelo aparelho psíquico; no entanto, nada impede que outras formas de expressão sejam possíveis. Conforme já indicado, na "Carta 52" (FREUD, 1950 [1896]/1976, op. cit.) temos os signos de percepção (impressão sensível) que se organizam em uma primeira transcrição como representações. Nestes termos, conforme indicado acima, a *Vorstellung* pode ser concebida como uma decantação, um desdobramento da *Darstellung*. É desta forma que está disposto o aparelho de memória neste momento da elaboração freudiana. Logo em seguida Freud vai apresentar o modelo de aparelho que configura a primeira tópica (1900). Ainda assim, neste modelo, mais do que pensar que o destino de toda *Darstellung* é se tornar *Vorstellung* – o que, em termos clínicos, equivaleria a metaforizar, transformar o que é da ordem da presentificação em uma elaboração psíquica –, é importante entender o que está em jogo neste momento. O modelo descrito em 1900 de fato dá destaque às representações principalmente pelo fato de Freud ter como propósito mostrar como funciona este aparelho do ponto de vista tópico e dinâmico. O ponto de vista econômico, apesar de não estar esquecido, parece relegado a um segundo plano. No entanto, é também neste momento, na descrição dos modos a que estão submetidos os pensamentos do sonho, que a *Darstellung* é trazida e é inegável que podemos conferir a esta figura um lugar diferenciado do registro da representação estrito senso; não um para além do limite da representação, mas um lugar de passagem, da ordem do sensível. Após 1920, em "Além do princípio do prazer" (1920/1976) e, principalmente, em "O eu e o isso" (1923/1976) este aspecto vai ganhar a cena na configuração da segunda tópica.

Trazendo a questão para a dimensão da clínica, frequentemente nos vemos diante de uma série de informações, algumas vezes desconectadas, outras aparentemente sem sentido, como *flashes* de vida, apresentando um modo de narrativa sem uma elaboração encadeada, linear; um "discurso pobre", segundo alguns psicanalistas; uma queixa difusa, contraditória, melhor seria dizer paradoxal: alguém, por exemplo, que se diz extremamente tímido e que chega ao consultório trazido por algum familiar, pois não consegue sequer procurar atendimento, mas ao mesmo tempo alguém que se exibe ao olhar do outro.

O mais importante a ser extraído destas configurações – identificadas como a perda da narrativa tradicional (a perda da experiência, segundo Benjamin) –, voltamos a frisar, é que não cabe uma atitude nostálgica e/ou a expectativa de que através do processo de análise o sujeito passe a metaforizar. Em lugar de lamentar a perda da experiência, trata-se de fazer a experiência da perda, podendo assim inventar outro modo de expressão a partir dos fragmentos (*Darstellung*).

Fragmentos que no texto de "Construções em análise" (1937b/1976, op. cit.) Freud tanto valoriza. Com eles podemos fazer uma montagem, construir uma história. Várias são as formas de se construir uma história (uma ficção de si). Pode-se construir uma história linear, por deduções, encadeando associações dentro de uma lógica de causas e efeitos na qual se parte de um ponto de vista privilegiado, por exemplo a própria representação psíquica. Entretanto, esta não é a única alternativa. Luis Cláudio Figueiredo (1999), referindo-se ao modo de tratar os fenômenos em psicanálise, faz uma distinção entre Freud e Ferenczi quanto aos recursos teóricos utilizados por ambos. Vamos nos servir deste gancho para distinguir duas formas de se construir uma história. A distinção que Figueiredo vai propor se apoia em duas técnicas da pintura. A primeira, perspectivista, predomina nos quadros renascentistas. Nesta técnica se adota um único ponto no horizonte para onde todas as linhas convergem e os objetos seguem uma regra de padronização de tamanho em relação ao ponto de afastamento. Fazendo uma aproximação com a construção de uma ficção, do ponto de vista da psicanálise, podemos dizer que se trata, aí, de uma história linear, que associa representações mesmo que isso tenha lugar dentro de uma lógica do *a posteriori*.

A segunda se refere ao painel cubista no qual se acumulam dados sobre dados tomados simultaneamente. Neste painel "cada objeto é visto sob diversos ângulos e luzes, e o espaço em que se mostram se desdobra em uma diversidade de planos" (FIGUEIREDO, 1999, p. 186). O estilo cubista das artes plásticas abre mão das técnicas tradicionais de perspectiva e, com isto, recusa uma concepção de arte como imitação da natureza. O privilégio passa a ser conferido à bidimensionalidade e à fragmentaridade dos objetos. Neste estilo se recusa o encadeamento, e a descontinuidade passa a ser valorizada. Em termos benjaminianos, os registros da memória não são ordenados, a continuidade histórica não se faz como narrativa. Toda montagem, de acordo com esta dinâmica, se faz de descontinuidades e de fragmentos.

E como, em uma análise, se olha para isto? De que instrumental podemos nos servir para dar lugar a este tipo de narrativa tão singular: reconhecer, acolher, testemunhar são algumas das posições que vão expressar o quanto este discurso por vezes fragmentado, pouco usual, ganha um lugar tanto na dinâmica psíquica quanto na direção da cura. Ou seja, é preciso acolher estes fragmentos, estes traços em sua potência e escutar a linguagem do sensível. Escutar a linguagem do sensível remete para a dimensão da figurabilidade (*Darstellung*) trazida por Freud já em sua descrição sobre a formação onírica.

Para finalizar, cabe retomar a expressão "limite da representação psíquica" para marcar que não se trata de desconsiderar a importância da representação psíquica e sim de destacar o não-sentido de se falar em termos de "limite". Em seu lugar propomos pensar em termos de "limiar". E aqui, novamente, Benjamin nos traz uma efetiva contribuição quando distingue limiar de limite (fronteira) nos Primeiros esboços de seu famoso livro *Passagens* (2006). No fragmento M° 26, limiar diz respeito a uma zona de transição, uma zona de passagem. De acordo com este filósofo, na modernidade nos tornamos muito pobres em experiências limiares. Resta muito pouco deste tipo de experiência e dentre as que nos restam ele cita o "adormecer". O momento de despertar é um *limiar*, um umbral entre o onírico e a vigília, um local de *passagem*, no qual se pode "ter acesso às imagens do sonho e interpretá-las, sem também, por outro lado, se entregar aos mecanismos de censura da vigília" (SELIGMANN-SILVA, 2009, p. 68).

Acompanhando a argumentação de Benjamin, é neste limiar, neste momento de despertar, que se presentifica uma cena, uma imagem, já que afinal os pensamentos, no sonho, se exprimem por imagens que encontram sua fonte na "regressão" (FREUD, 1900/1976, op. cit.). A isto Freud denomina figurabilidade, ou melhor, tomada em consideração da figurabilidade ou representabilidade. Aquela que é da ordem da linguagem do sensível e que, fora da continuidade cronológica, vai permitir que outras conexões venham a ter lugar no momento do despertar.

Referências bibliográficas

BENJAMIN, W. "Sobre alguns temas em Baudelaire". In: *Obras escolhidas: Charles Baudelaire – um lírico no auge do capitalismo*, v. III. São Paulo: Brasiliense, 1989.

———. (1933a) "A doutrina das semelhanças". In: *Obras escolhidas: magia e técnica, arte e política*. São Paulo: Brasiliense, 1994.

———. (1933b) "Experiência e pobreza". In: *Obras escolhidas: magia e técnica, arte e política*. São Paulo: Brasiliense, 1994.

———. (1936) "O narrador – Considerações sobre a obra de Nikolai Leskov". In: *Obras escolhidas: magia e técnica, arte e política*. São Paulo: Brasiliense, 1994.

———. *Passagens*. BOLLE, W. & MATOS, O. (orgs.). São Paulo: Editora UFMG e Imprensa Oficial do Estado de São Paulo, 2006.

DAVID-MÉNARD, M. *Tout le plaisir est pour moi*. França: Hachette Littératures, 2000a.

———. *A histérica entre Freud e Lacan*: *corpo e linguagem em psicanálise*. São Paulo: Editora Escuta, 2000b.

CLASTRES, P. "O arco e o cesto". In: *A sociedade contra o Estado*. Rio de Janeiro: Francisco Alves, 1980.

FREUD, S. (1891) *Contribution à la conception des aphasies*. Paris: PUF, 1987.

———. (1900) "A interpretação de sonhos". *Edição standard das obras psicológicas completas de Sigmund Freud*, v. IV e V. Rio de Janeiro: Imago, 1976.

———. (1915a) "Os instintos e suas vicissitudes". *Edição standard das obras psicológicas completas de Sigmund Freud*, v. XIV. Rio de Janeiro: Imago, 1976.

———. (1915b) "O inconsciente". *Edição standard das obras psicológicas completas de Sigmund Freud*, v. XIV. Rio de Janeiro: Imago, 1976.

———. (1920) "Além do princípio do prazer". *Edição standard das obras psicológicas completas de Sigmund Freud*, v. XVIII. Rio de Janeiro: Imago, 1976.

———. (1923) "O eu e o isso". *Edição standard das obras psicológicas completas de Sigmund Freud*, v. XIX. Rio de Janeiro: Imago, 1976.

———. (1930 [1929]) "O mal-estar na civilização". *Edição standard das obras psicológicas completas de Sigmund Freud*, v. XXI. Rio de Janeiro: Imago, 1976.

———. (1937a) "Análise terminável e interminável". *Edição standard das obras psicológicas completas de Sigmund Freud*, v. XXIII. Rio de Janeiro: Imago, 1976.

———. (1937b) "Construções em análise". *Edição standard das obras psicológicas completas de Sigmund Freud*, v. XXIII. Rio de Janeiro: Imago, 1976.

———. (1950) "Extratos dos documentos dirigidos a Fliess". *Edição standard das obras psicológicas completas de Sigmund Freud*, vol. I. Rio de Janeiro: Imago, 1976.

———. (1950 [1895]) "Projeto para uma psicologia científica". *Edição standard das obras psicológicas completas de Sigmund Freud*, vol. I. Rio de Janeiro: Imago, 1976.

———. (1950 [1896]) "Carta 52". *Edição standard das obras psicológicas completas de Sigmund Freud*, vol. I. Rio de Janeiro: Imago, 1976.

FIGUEIREDO, L. C. *Palavras cruzadas entre Freud e Ferenczi*. São Paulo: Escuta, 1999.

GAGNEBIN, J.-M. *Sete aulas sobre linguagem, memória e história*. Rio de Janeiro: Imago, 2005.

GARCIA-ROZA, L. A. *Introdução à metapsicologia freudiana 1*. Rio de Janeiro: Jorge Zahar, 1991.

———. *Introdução à metapsicologia freudiana 3*. Rio de Janeiro: Jorge Zahar, 1995.

HERZOG, R. "A dimensão afetiva da linguagem na experiência psicanalítica". In: OLIVEIRA, C. (org.). *Filosofia, psicanálise e sociedade*. Rio de Janeiro: Azougue Editorial, 2010 (no prelo).

LACAN, J. (1957) "L'instance de la lettre dans l'inconscient ou la raison depuis Freud". In: *Écrits*. Paris: Seuil, 1966.

SCHNEIDER, M. *Afeto e linguagem nos primeiros escritos de Freud*. São Paulo: Escuta, 1993.

SELIGMANN-SILVA, M. (org.) *Leituras de Walter Benjamin*. São Paulo: FAPESP, Annablume, 1999.

————. *A atualidade de Walter Benjamin e de Theodor W. Adorno*. Rio de Janeiro: Civilização Brasileira, 2009.

ZIZEK, S. *Le sujet qui fâche*. França: Flammarion, 2007.

Os limites da representação na experiência esquizoide

Carlos Augusto Peixoto Junior

Considerando o tema desta coletânea, "limites da clínica e clínica dos limites", e, mais especificamente, a relevante questão dos limites da representação psíquica, me pareceu interessante desenvolver aqui algumas reflexões a propósito da experiência esquizoide, a qual tenho tido a oportunidade de acompanhar de perto já há algum tempo no meu trabalho clínico de consultório.

Para isso, pretendo recorrer brevemente a alguns dos principais teóricos das chamadas relações objetais do início da vida, supondo que estes foram os analistas que mais se dedicaram à tentativa de delimitar esta experiência tão singular, e ao mesmo tempo tão difícil. Passados sessenta anos desde a publicação do artigo seminal de Ronald Fairbairn a respeito deste tema, intitulado "Fatores esquizoides da personalidade" (1940/1998), esta certamente é uma boa oportunidade para retomarmos criticamente algumas teses desse autor e avançar na direção de algumas formulações mais recentes, postuladas por outros clínicos que tiveram a sua obra como referência. Com isso, acredito que seja possível não apenas delimitar minimamente as principais características da experiência esquizoide, mas também levantar alguns pontos importantes relativos aos limites da representação psíquica próprios a sua dinâmica no âmbito da clínica.

De acordo com vários teóricos que se voltaram para o estudo das primeiras relações de objeto, o termo esquizoide é usado para se referir ao aspecto de todas as personalidades que está organizado em torno do apego defensivo inconsciente do *self* aos objetos internos. Quando se torna hipertrofiada para propósitos defensivos, essa dimensão comum da personalidade forma a base de um conjunto de psicopatologias que incluem não apenas as perturbações esquizoides, mas também aquelas de caráter narcísico. A esquizofrenia, por exemplo, apresenta contraste marcante em relação à organização da personalidade esquizoide, no que a primeira se expressa por fragmentação ou desorganização da personalidade, enquanto a segunda representa uma forma de coesão baseada em relações de objeto estáveis e, muitas vezes, rígidas.

Segundo Thomas Ogden (1989), a experiência esquizoide se caracterizaria por amplo retraimento ou retirada de investimentos da relação com objetos externos totais e pelo retorno para um mundo composto de relações com objetos internos conscientes e inconscientes. Estas relações objetais fantasiadas se estabelecem sob o domínio do pensamento onipotente e dependem fundamentalmente dos mecanismos de divisão do ego e identificação projetiva como modos de defesa. Trata-se, para o autor, "de um mundo de heróis e vilões, de perseguidores e vítimas; um mundo no qual as introjeções são oniscientes e conduzem narrativas inexoravelmente críticas sobre o comportamento fantasiado e real de cada um" (Id., ibid., p. 85). No caso desses indivíduos, os objetos externos são tão completamente eclipsados por projeções transferenciais de seu mundo objetal interno que as qualidades do objeto externo dificilmente são discerníveis.

Dada a extensão na qual o mundo externo é encoberto por este manto de projeções transferenciais, o indivíduo é incapaz de aprender com a experiência, tal como queria Bion (1962/1991). O presente torna-se apenas uma reencenação do uso dos objetos externos no passado, os quais passam a constituir esteios para a recriação de um drama interno atemporal.

De acordo com Fairbairn (1944/1998; 1946/1998), a constância dos laços inconscientes com os objetos internos é a principal fonte de estabilidade na organização da personalidade de qualquer indivíduo. O apego inconsciente aos objetos internos constitui a "substância aderente" que mantém juntas todas as organizações da personalidade. No caso do indivíduo esquizoide, essa "substância" produz um apego tão intenso aos objetos internos que o envolvimento emocional com os objetos da realidade é quase completamente excluído. Em casos extremos, a energia psíquica é retirada não apenas das relações com os objetos externos, mas também dos objetos internos. O resultado é o que Fairbairn chama de "perda do ego" (FAIRBAIRN, 1944/1998). Ainda assim, o autor nos diz que é possível reconhecer como essencialmente esquizoides não apenas fenômenos confirmados de despersonalização e desrealização, mas também problemas relativamente menores na percepção da realidade, tais como sentimentos "de artificialidade" (quer se trate do *self* ou do ambiente), o sentimento de estranheza diante de pessoas ou lugares conhecidos e o sentimento de familiaridade com o desconhecido (Id., 1940/1998, p. 5).

Do ponto de vista de Ogden, quando um objeto externo fracassa em se conformar com o roteiro e a direção inconscientes determinados pelo paciente, o uso de elementos como negação, desprezo, grandiosidade, distorção de percepção e retraimento emocional servem para reduzir ao mínimo o impacto da experiência com o objeto externo. Em consequência disso, o indivíduo não se deixa transformar por sua experiência no mundo. Inconscientemente, ele sabe que é um ator aprisionado no seu próprio drama interno e, nestas condições, experiencia profundos sentimentos de futilidade e vazio.

Mas o vazio vivido na experiência esquizoide não é apenas aquele da solidão; ele é também o da ausência de apoio em qualquer coisa que exista fora da própria mente do sujeito. Trata-se, no caso, do vazio de um *self* amplamente desconectado da experiência intersubjetiva humana, pela qual o *self* comumente adquire um sentido sobre sua própria realidade através do reconhecimento do outro. Em geral, o paciente esquizoide só está ocupado e preocupado com suas relações objetais internas; além disso, essas relações, em si mesmas, são muito pouco substanciais e levam a um estado de empobrecimento emocional.

Uma das principais contribuições de Fairbairn (1940/1998) para o entendimento psicanalítico do fenômeno esquizoide foi a sua interpretação da natureza da ansiedade nestes casos. Enquanto a ansiedade depressiva estaria centrada no medo da perda do objeto como resultado de desejos destrutivos para com ele, a ansiedade esquizoide baseia-se no medo de que o amor possa destruí-lo, o que torna as coisas bem mais complicadas. Uma vez que neste caso estamos lidando com a relação humana mais primitiva, a da mãe com o bebê, a noção de amor infantil deve ser entendida virtualmente como sinônimo da maneira pela qual o infante está com sua mãe e precisa dela. Temos aí, portanto, um dilema catastrófico, pois o bebê sente que qualquer sentido de *self* adquirido por ele, ainda que o mais rudimentar, pode ser precisamente aquele que destruirá o objeto do qual ele depende totalmente.

Tomando como pano de fundo estas teses de Fairbairn sobre a condição esquizoide, Ogden (1989, op. cit.) propõe que se considere um aspecto predominantemente sensorial, ainda mais primitivo, da personalidade esquizoide, uma dimensão da experiência muito pouco abordada pelas hipóteses fairbairnianas. Trata-se, segundo ele, de pensar a condição esquizoide de acordo com duas facetas fundamentais: uma delas, voltada para o medo e a expectativa provocada pelo mundo dos objetos externos, a qual subjaz para além do alcance das ilusões e desilusões de onipotência do paciente; a outra, voltada para um estado predominantemente sensório, mais primitivo do que aquele enfocado por Fairbairn. Esta última face seria a base inarticulada, a margem primitiva da experiência esquizoide, na qual a fantasia abre caminho para uma dimensão sensorial pré-simbólica que o autor abordou a partir daquilo que chamou de posição autista-contígua. Neste caso, estamos diante de uma experiência na qual ficam explícitos os limites da representação psíquica, dado que o modo autista-contíguo é extremamente rudimentar e constitui uma experiência de *self* construída a partir do ritmo das sensações, tal como a entendia Frances Tustin (1986). Ela se aproxima daquilo a que Michael Balint (1959/1987), introduzindo uma nova maneira vital de descrever a experiência corporal primária, aludiu em termos de fenômenos muito primitivos que só poderiam ser apreendidos a partir de imagens sensórias tais como sentimentos de calor, contato corporal íntimo, sensações musculares e táteis, movimentos e ruídos rítmicos, zumbidos indefiníveis, efeitos do olfato e do paladar, etc. Essas experiências também parecem estar bastante próximas daquelas que Daniel Stern (1985) investigou a partir dos "afetos de vitalidade", as quais só podem ser abordadas a partir de intensidades, formas e padrões temporais.

Revendo algumas teses de Fairbairn, notamos que Donald Winnicott também se distanciou dos seus paradigmas não somente no que se refere a uma concepção da organização psíquica primária, mas também no que concerne à experiência esquizoide. Primeiramente, para Winnicott, a unidade do desenvolvimento psicológico não é o infante, mas uma entidade intersubjetiva, qual seja, a unidade mãe-bebê (WINNICOTT, 1952/1978, 1956/1978, 1971/1975). Em segundo lugar, ele substitui a concepção fairbairniana da divisão do ego e do objeto (seguida da elaboração de um mundo interno de objetos) por um modo diferente de conceber a divisão da personalidade.

Do seu ponto de vista (WINNICOTT, 1960/1983, 1963/1983), tal divisão envolve a alienação de uma experiência rudimentar do *self* (o verdadeiro *self*) em um aspecto do *self* direcionado para o mundo externo e complacente com ele (o falso *self*). Este último aspecto do *self* constitui o equivalente winnicottiano do aspecto esquizoide da personalidade.

Winnicott afirma que, no princípio, o espaço no qual vive o infante não é um mundo interno. Na verdade, este "interior" significa apenas algo "pessoal", e pessoal, neste caso, ainda não pode ser considerado propriamente "individual" (WINNICOTT, 1963/1983, op. cit.). O verdadeiro *self* é um potencial que tem suas origens nas sensações corporais mais primitivas tais como experienciadas no contexto das relações com a mãe ambiente. Citando o autor, "o verdadeiro provém da vitalidade dos tecidos corporais e da atuação das funções do corpo, incluindo a ação do coração e a respiração" (Id., 1960a/1983, p. 136). Neste momento, o mundo do bebê não é um mundo de relações objetais internas e externas, mas um mundo de "fenômenos simples baseados em experiências corporais" (Id., 1963/1983, op. cit., p. 167). O psicanalista inglês acredita que, ainda que o bebê não possa sustentar sozinho sua própria organização psicológica primitiva, tal auto-organização (que é primariamente de tipo sensorial) existe porque é criada pelo par mãe-bebê: "o self verdadeiro aparece logo que há qualquer organização mental que seja do indivíduo e isso quer dizer pouco mais do que o viver sensório-motor" (Id., 1960a/1983, op. cit., p. 136).

Assim, Winnicott indica o caminho para concebermos um aspecto da personalidade – mais primitivo do que o mundo de objetos internos de Fairbairn – no qual há um isolamento pré-simbólico e não defensivo do sentido mais rudimentar do *self*, o qual está centrado na experiência corporal. Esta organização psicológica primária depende totalmente da provisão de um ambiente facilitador por parte da mãe. No curso do desenvolvimento, através da experiência com o fenômeno transicional, o aspecto da provisão materna deste estado é assumido pelo infante. Eis aí mais uma forma de conceber os limites da representação psíquica no caso da experiência esquizoide.

Buscando integrar e ampliar as teses de Winnicott e Fairbairn, Harry Guntrip (1961, 1968) propõe que, no decorrer do desenvolvimento arcaico de cada indivíduo, uma porção do ego inconsciente – uma parte dividida do "ego libidinal" de Fairbairn (1944/1998, op. cit.) – passa por uma regressão a um estado de isolamento tal como aquele vivido no período intrauterino. Este aspecto regredido do *self* perdura como parte permanente da estrutura da personalidade e exerce tensão sobre aspectos do *self* mais diretamente relacionados com os objetos. Profundamente regredida e isolada, esta faceta da personalidade é bem mais extensa na condição esquizoide do que em outras organizações de personalidade mais amadurecidas. Citando Guntrip, "neste estado regredido o lugar do bom objeto é assumido pelo bom ambiente, e há uma experiência profunda e obscura, mas bastante bem definida, de sentir-se 'bem e confortável dentro de alguma coisa'" (GUNTRIP, 1961, op. cit., p. 435). Sem dúvida, há segurança e potencial para a emergência da individualidade do *self* no isolamento deste estado regredido; mas também há o risco de perda da conexão permanente com os objetos internos e externos. A desconexão permanente com estes dois mundos de objeto representa a ameaça de uma perda aterrorizante do *self*, a qual é experienciada por um estado de iminente sufocação. O mundo de objetos internos é de importância crítica como defesa contra a perda irreversível do *self* no estado regredido intrauterino. Nestas condições, a organização esquizoide das relações objetais internas é vista por Guntrip como uma área intermediária entre as relações com os objetos externos e um estado primitivo de ausência de objeto. Segundo ele, a causa fundamental do desenvolvimento de uma condição esquizoide é a experiência de isolamento que resulta da perda de relação mental com a mãe no momento em que ela é o único ambiente ou mundo total com o qual o bebê pode contar, posto que ele não tem qualquer alternativa de defesa. Assim, do seu ponto de vista, "a mãe é a fonte primária da segurança psicossensual e a doadora do primeiro relacionamento que pode neutralizar o trauma-separação do nascimento" (Id., 1971, p. 162). Apenas nesta experiência subjetiva de segurança, restaurada com rapidez e confiança, o ego em potencial da psique infantil começa a se desenvolver. Apesar de sabermos das dificuldades inerentes às tentativas de apropriação por Guntrip das teses de Winnicott e Fairbairn, as quais não poderão ser comentadas aqui, acreditamos que ele nos oferece contribuições valiosas para a teoria e a clínica dos estados esquizoides, considerando os limites da representação.

Para concluir a partir de um viés mais estritamente clínico, gostaria apenas de fazer breve referência às hipóteses formuladas por Christopher

Bollas (1987/1992) a respeito do objeto transformacional. Este autor considera que uma das principais e mais comuns psicopatologias da relação objetal transformacional ocorre no *self* esquizoide, tipo de personalidade que pode possuir um ego com riqueza de atributos, mas que pessoalmente é despojado e triste, sem que muitas vezes esteja clinicamente deprimido.

Retomando as teses winnicottianas a respeito da mãe ambiental, que representa para o infante o ambiente em sua totalidade, Bollas acrescenta a ideia de que "a mãe é menos significativa e identificável como um objeto do que como um processo, sendo este associado às transformações internas e externas cumulativas" (BOLLAS, 1987/1992, op. cit., p. 28). Nestes termos, ele associa a primeira experiência subjetiva do bebê com o objeto ao objeto transformacional, o qual é identificado experiencialmente pelo infante com processos que alteram a experiência do *self*. Trata-se, no caso, de uma identificação que surge de um relacionamento simbiótico, pela qual o primeiro objeto é "conhecido" não tanto por estar situado em uma representação objetal, mas como uma experiência recorrente do ser – um conhecimento mais existencial em oposição ao representacional. Enquanto a mãe ajuda a integrar o ser do infante (instintivo, afetivo, cognitivo e ambiental), os ritmos desse processo – da não-integração para a integração – informam mais sobre a natureza dessa relação objetal do que sobre as características do objeto como objeto. Este é o contexto no qual se passaria o que o autor chama de psicanálise do conhecido não pensado.

Ainda não totalmente identificada como um outro, a mãe é experienciada como processo de transformação, e esta característica dos primeiros tempos de vida perdura em certas formas de busca do objeto na vida adulta, quando o objeto é procurado por sua função de indicador da transformação.

Tratando-se de uma identificação que se inicia antes de a mãe ser representada mentalmente como um outro, Bollas delimita aí uma relação que não emerge do desejo, mas de uma identificação perceptiva do objeto com sua função: o objeto como um transformador ambiento-somático da subjetividade. A memória dessa primeira relação objetal manifesta-se na busca da pessoa por um objeto (lugar, pessoa ou acontecimento) que promete transformar o *self*. Dadas estas características, o autor afirma que a busca do objeto transformacional no caráter esquizoide é na realidade um reconhecimento interno da necessidade de uma reparação do ego e, como tal, algo como uma busca maníaca da saúde. Ao mesmo tempo, o idioma esquizoide reflete uma mãe minimamente transformativa, fato que se torna claro pela maneira quase sempre pobre com a qual este paciente usa o analista na transferência (Id., ibid., p. 38).

No entanto, afirma Bollas, ainda que uma de suas principais características seja a relativa inacessibilidade à relação com um outro verdadeiro, pode-se supor que tais características, reflexos de bloqueios no desenvolvimento psicológico, também indiquem a necessidade do paciente de confirmar a parte doente como apelo à chegada da relação objetal regressiva identificada com a reparação básica do ego. Na análise, isso pode resultar em uma quase total incapacidade de se relacionar com o analista como pessoa real, mas, ao mesmo tempo, pode implicar ainda a possibilidade de manter com ele, como objeto transformacional, uma relação intensa.

Estes pacientes procuram um clima especial com o analista, no qual as interpretações dele são, inicialmente, menos importantes pelo seu conteúdo e mais significativas pelo que é experienciado como presença materna, um retorno empático. Na realidade, a chamada neutralidade clínica de expressão – usada frequentemente para atenuar temores histéricos ou obsessivos de se sentir criticado e para facilitar a associação livre – trabalha de uma forma diferente nos pacientes esquizoides: estes podem ficar enfeitiçados por essa expressão e parecer desatentos ao verdadeiro conteúdo da interpretação, desde que o tom de voz do analista permaneça constante. Ainda de acordo com Bollas (1987/1992, op. cit., p. 39), é possível considerar essa situação como uma dificuldade no caminho da análise e do analisável, ou aceitar que o espaço analítico como provisão do meio continente facilita, nesses pacientes, um processo que leve à evocação de um estado profundamente regredido e que pode ser parte do caminho necessário para a cura.

Considerando-se que o paciente regrida ao nível da falha básica, tal como trabalhada por Balint (1968/1993, op. cit.), faz-se necessário levar em consideração o fato de que da mesma forma que cada regressão indica uma parte pouco sadia da pessoa ela também sugere uma possibilidade de cura. Sendo assim, torna-se indispensável uma experiência inicial das sucessivas transformações do ego, as quais são identificadas com o analista e com o processo analítico. Nestes momentos, o paciente experiencia as interpretações basicamente pela capacidade que têm de corresponder aos se ıs humores, sentimentos e pensamentos internos. Esses momentos de cc nunicação o levam a "reexperienciar" a relação objetal transformacional. Neste contexto, ele também pode apreciar a forma fundamental de não ser intrusivo do analista não porque ela propicia a associação livre, mas porque é sentida como o tipo de relação necessária à cura.

Se isso é verdadeiro, a credibilidade do analista, sua maneira não intrusiva de permanecer no *setting* e o uso do pensamento empático para atender as exigências do analisando são, muitas vezes, mais maternais do que o foram os cuidados da mãe verdadeira. E, nestes momentos, a identificação do analista com o objeto transformacional por parte do paciente não é muito distinta daquela que o infante faz da mãe com estes processos. Na verdade, exatamente como a identificação das transformações do ego com a mãe experienciada pelo bebê – identificação perceptiva que não constitui um desejo –, também a identificação por parte do paciente não parece refletir o seu desejo de que o analista *seja* transformacional; trata-se, na verdade, de uma identificação que *faz* dele um objeto transformacional. No tratamento de pacientes esquizoides, essa fase da análise é tanto necessária quanto inevitável.

Referências bibliográficas

BALINT, M. (1959) *Thrills and regressions*. Connecticut: International Universities Press, 1987.

————. (1968) *A falha básica: aspectos terapêuticos da regressão*. Porto Alegre: Editora Artes Médicas, 1993.

BION, W. R. (1962) *O aprender com a experiência*. Rio de Janeiro: Imago Editora, 1991.

BOLLAS, C. (1987) *A sombra do objeto: psicanálise do conhecido não pensado*. Rio de Janeiro: Imago Editora, 1992.

FAIRBAIRN, R. (1940) "Les facteurs schizoïdes de la personnalité". In: *Études psychanalitiques de la personnalité*. Paris: Éditions du Monde Interne, 1998.

———. (1944) "La structure endopsychique en fonction des relations d'objet". In: *Études psychanalitiques de la personnalité*. Paris: Éditions du Monde Interne, 1998.

———. (1946) "Les relations d'objet et la structure dynamique". In: *Études psychanalitiques de la personnalité*. Paris: Éditions du Monde Interne, 1998.

GUNTRIP, H. *Personality structure and human interaction*. New York: International Universities Press, 1961.

———. *Schizoid phenomena, object-relations and the self*. London: Karnac Books, 1968.

———. *Psychoanalytic theory, therapy and the self*. London: The Hogarth Press, 1971.

OGDEN, T. *The primitive edge of experience*. New York: Jason Aronson, 1989.

STERN, D. *The interpersonal world of the infant*. New York: Basic Books, 1985.

TUSTIN, F. *Autistic barriers in neurotic patients*. New Haven: Yale University Press, 1986.

WINNICOTT, D. (1952) "Psicose e cuidados maternos". In: *Da pediatria à psicanálise*. Rio de Janeiro: Francisco Alves Editora, 1978.

———. (1956) "Preocupação materna primária". In: *Da pediatria à psicanálise*. Rio de Janeiro: Francisco Alves Editora, 1978.

———. (1960) "Teoria do relacionamento paterno-infantil". In: *O ambiente e os processos de maturação*. Porto Alegre: Editora Artes Médicas, 1983.

———. (1960a) "Distorção do ego em termos de verdadeiro e falso self". In: *O ambiente e os processos de maturação*. Porto Alegre: Editora Artes Médicas, 1983.

———. (1963) "Comunicação e falta de comunicação levando ao estudo de certos opostos". In: *O ambiente e os processos de maturação*. Porto Alegre: Editora Artes Médicas, 1983.

———. (1971) *O brincar e a realidade*. Rio de Janeiro: Imago Editora, 1975.

A repetição onírica do "terror": limites da representação

Gabriela Maldonado Borges
Marta Rezende Cardoso

> *Quando os pesadelos [...] nos despertam, tentamos em vão decifrar seus elementos, rechaçá-los um por um fora da nossa percepção atual, para defender nosso sono da sua intromissão, mas logo que fechamos os olhos, percebemos novamente que o cérebro recomeçou a trabalhar, independente da nossa vontade zune e martela sem descanso, constrói fantasmas e signos terríveis, sem parar os traça e os agita numa névoa cinzenta na tela dos sonhos.*
>
> (LEVI, 1998, p. 62)

Os pesadelos repetitivos da neurose traumática constituem um dos fenômenos clínicos mais importantes sobre os quais Freud se apoiou para elaborar o segundo dualismo pulsional e a hipótese da pulsão de morte, tendo como móvel a inquietante estranheza da compulsão à repetição. Desde então, tanto a questão das formações oníricas quanto a da compulsão à repetição têm ocupado lugar central no interior daquilo que pode ser considerado núcleo essencial da teoria das neuroses traumáticas.

Esses sonhos denominados traumáticos (FREUD, 1920/1980) são experienciados pelo sonhador como pesadelos intrusivos, repetitivos e persecutórios que invariavelmente provocam no sujeito sentimentos de terror e de revivescência do acontecimento desencadeador da neurose traumática, como uma espécie de *flashback* pós-traumático. Portanto, ao contrário de ser os "guardiões do sono" (Id., 1900/1980), esses pesadelos pavorosos são capazes de despertar o sonhador pela evocação terrorífica que produzem, como se pode inferir, por exemplo, do relato de Primo Levi, aqui citado como epígrafe, que não se lê sem espanto.

Alguns desses sonhos chegam a ser réplica exata dos acontecimentos que traumatizaram o sujeito. Seu caráter é essencialmente visual ou cinematográfico, uma vez que a ressurgência do afeto de terror que tem lugar nesses sonhos se dá sob a forma de produção imagética que reproduz o terror, ao mesmo tempo que o circunscreve. O acontecimento é revivido tal como foi percebido pelo sujeito, sendo acompanhado da certeza aterrorizante de que estaria se produzindo novamente aquela experiência, e com todo o seu potencial mortífero.

Desprovidos de qualquer enigma, esses pesadelos repetem-se a cada noite de maneira idêntica e revelam, a cada vez, seu caráter de fixidez mortífera e de inegável exceção à regência do princípio do prazer. Estes são precisamente os principais aspectos que pretendemos desenvolver ao longo deste artigo, no qual nos propomos a articular três processos distintos, mas intimamente interligados os quais, em nosso modo de ver, são parte integrante do modelo de funcionamento que estaria na base dos sonhos traumáticos: o encontro com a morte, a fixação no momento do "acidente" e a compulsão à repetição.

O ENCONTRO COM A MORTE

> *Na noite deste sábado 12 de junho, recebi um golpe muito duro... Para mim havia sido o encontro com os olhos do meu companheiro moribundo e esse impaciente esquivar-se da morte. Tudo havia se passado como um pesadelo: mas um pesadelo que, sabia, me acompanharia para sempre. Um pesadelo que voltaria a perturbar meu sono tranquilo uma e outra vez.*
>
> (ESTEBAN,1993, p. 109)[1]

Partimos do pressuposto de que, em seu funcionamento habitual, o aparelho psíquico recebe do exterior estímulos sob a forma de percepções. Estas são assimiladas a uma rede de representações pré-existentes através das quais os novos elementos percebidos vêm a adquirir sentido para o sujeito. Quando ocorre um acidente traumático, tudo se passa de forma radicalmente distinta. O traumatismo psíquico traz à cena algo que, indubitavelmente, é da ordem de um encontro com a morte, tanto no que tange à sua etiologia – ou seja, a relação com um evento datado que põe a vida em perigo – quanto

[1] Este autor é um ex-soldado, sobrevivente da Guerra das Malvinas.

ao que estaria em jogo nesse quadro clínico, ou seja, o fato da repetição e a presença de sintomas advindos de uma "fixação ao trauma", elementos sobre os quais nos deteremos mais adiante. Partilhamos a ideia de que "[...] a cena traumatizante [...] representa a essência mesma da finitude do homem e o caráter inexorável de seu destino: a morte" (BARROIS, 1998, p. 133. Tradução nossa).

Sabemos desde Freud (1920/1980, op. cit.) que quando o "mortífero" adentra o aparato psíquico não só ocorre destruição das ligações pré-existentes como não há representação que possa vir acolhê-lo. De fato, "no inconsciente cada um de nós está convencido de sua própria imortalidade" (FREUD, 1915/1980, p. 327). Ao tecer comentários sobre a morte e a guerra, Freud afirmara que se todos nós sabemos que vamos morrer, agimos todos como se não acreditássemos nisso e vivemos, então, como imortais. Diante desse encontro com a morte, algo resta incrustado no psiquismo como um "corpo estranho interno" (Id., 1893-1895/1980).

Corroborando a ideia de que o "morrer" não pode ser representado, Claude Barrois retoma esta máxima freudiana, relembrando que para Freud "a morte é, sobretudo, um morto" (BARROIS, 1998, op. cit., p. 197. Tradução nossa). Sabemos todos o que é um cadáver, mas não sabemos o que é a morte, embora possamos até forjar substitutos metafóricos e metonímicos para ela, como, por exemplo, a imagem do cadáver. O autor pondera que "essa proximidade da morte não é sem ligação com os esquemas de ação encontrados na neurose traumática, que evocam a imobilidade e a sideração, a rigidez e a decomposição dos laços sociais" (Id., ibid., p. 199. Tradução nossa).

A "incrustação" da imagem da morte no psiquismo pode ocorrer em dois tipos de circunstâncias: quando a vida do sujeito é ameaçada (havendo certeza da própria morte) ou quando a morte é percebida através da morte de um outro. Nestes casos, o efeito surpresa desempenha importante papel. Como sublinham vários autores, baseando-se em Freud, é sempre em função do despreparo do ego, apanhado de surpresa, que se ergue o que chamamos de traumatismo psíquico (FREUD, 1920/1980, op. cit.; LAPLANCHE, 1992, 1998; BARROIS, 1998, op. cit.; MAIA, 2005).

Ancorando-nos igualmente nas proposições freudianas sobre a questão da efração traumática mortífera, inferimos que os elementos traumáticos atravessam o sistema para-excitação sem encontrar nenhuma representação à qual possam ligar-se, formando uma espécie de "incrustação" no psiquismo, corolário do fracasso do processo de representação. Esta "incrustação" instala no psiquismo uma certeza: a de sua própria morte. A esse respeito, Barrois faz uma afirmação muito pertinente sobre um aspecto, segundo ele, diretamente associado ao quadro clínico da neurose traumática: o vivido de súbita intimidade com a morte. "*Mors certa, hora incerta* são transformáveis, no trauma psíquico, em *mors certíssima, hora quase certa* para o sujeito" (BARROIS, 1998, op. cit., p. 9. Tradução nossa).

Segundo essa linha de argumentação, o que se considera encontro com a morte é precisamente o fato de que nos casos de neurose traumática esse encontro reaparecerá, muitas vezes, sob a forma de sonhos, funcionando como uma espécie de aviso aterrorizante para o sonhador de que a morte o está rondando – não mais como realidade extraordinária, mas como contingência radical, violenta e absurda.

A fixação no momento do "acidente"

Posso estar bem e, de repente, um cheiro, uma expressão, uma imagem me fazem sentir em 1973 de novo.
(YOAV BEN DAVID[2], Fonte: Jornal O Globo, Caderno: O mundo, p. 37-38, 13 de julho de 2008)

Desde o início o pensamento freudiano sobre o traumatismo psíquico aparece intimamente articulado com a noção de "fixação ao trauma" que supõe, dentre outros aspectos, a ideia de cristalização psíquica do acidente traumático. O momento propulsor do trauma permanece como que congelado no psiquismo, sob a forma de impressões traumáticas, verdadeiro "corpo estranho interno" cujo retorno dar-se-á sob a forma de repetições inevitáveis. Transpondo este modo de funcionamento, próprio aos sonhos

[2] Ex-soldado do exército de Israel, capturado em 1973 pelos sírios, na batalha pelas colinas de Golan durante a guerra do Yom Kippur. Em seu relato diz apresentar distúrbios psicológicos causados pelos meses de cativeiro; durante cinco meses não viu a luz do sol, tendo enfrentado longas sessões de espancamento e humilhações.

traumáticos – conforme os desenvolvimentos de Freud em "Além do princípio do prazer" (1920/1980, op. cit.) –, diríamos que estes sonhos corresponderiam a um dos sintomas patentes desse mecanismo de "fixação ao trauma", pois repetem, a cada vez, o mesmo afeto de terror experienciado no momento do "acidente", reproduzindo, de forma quase alucinatória, as mesmas circunstâncias, o acontecimento original.

Para Freud (Ibid.), ao ocorrer uma situação traumática que pressupõe a ruptura do escudo psíquico de proteção e, correlativamente, a invasão de altas intensidades energéticas, ameaçadoras da integridade narcísica do sujeito, pode-se supor que o ego esteve submetido a um vivido de terror (*Schreck*). Isto justamente por não ter podido utilizar-se do recurso da angústia como preparação para o choque. Este seria um dos fatores mais essenciais no estabelecimento do quadro da neurose traumática. É neste ponto que o sonho traumático parece encontrar o seu lugar, entre um acidente que, por um lado, é sempre brutal e súbito e, por outro, o seu retorno incessante, que se dá pelas vias alucinatória e regrediente, próprias ao registro do onírico.

No entanto, apesar da dimensão necessariamente alucinatória dos sonhos (FREUD, 1900/1980, op. cit.), esses pesadelos parecem, ao contrário, veicular impressão sensorial de *hiper-realidade*. Utilizamos esta expressão inspirando-nos em Márcio Seligmann-Silva que, ao avançar na reflexão sobre a questão da representação de catástrofes, argumenta que essa realidade em excesso, inerente ao trauma, "implica um 'perfuramento' do próprio campo (geográfico, simbólico e semântico) da morte" (SELIGMANN-SILVA, 2000, p. 93). Segundo o autor, a literalidade que caracteriza o sintoma traumático é marcada por um excesso de realidade que inviabiliza o acionamento de uma estratégia de representação por metáforas do trauma.

É nesse mesmo sentido que Claude Barrois elabora a hipótese de que os pesadelos repetitivos representam, de fato, a falência do processo de sonho. Nesses casos, o sonho não seria mais possível porque o que esses pesadelos veiculariam seria "uma verdade que vale por realidade" (BARROIS, 1998, op. cit., p. 175. Tradução nossa). Em outro trabalho (Id., 1985, p. 252), o autor acrescenta que, por essa mesma razão, os sonhos traumáticos podem ser considerados como *funcionamento-limite* no estado do sono, estando situados num lugar intermediário entre sonho e alucinação verdadeira.

De acordo com essa perspectiva, o pesadelo repetitivo não seria, portanto, nem sonho, nem alucinação verdadeira, mas o que Barrois (1998, op. cit.) circunscreve pelo mecanismo que denomina *ecmnésia* intrusiva que, segundo ele, seria típico da neurose traumática. Ao contrário das lembranças encobridoras das neuroses de transferência, não se está aqui diante de algo que se disfarça atrás da estrutura complexa dos sintomas, mas diante da expressão do fenômeno da compulsão à repetição.

Quanto ao aspecto súbito do acidente do qual falávamos antes, ou, em outros termos, da surpresa resultante do total despreparo do ego para a vivência do choque, parece-nos igualmente esclarecedora a formulação que nos apresenta Maia (2005, op. cit.). Ela afirma que no sonho traumático tratar-se-ia de repetir afetos uma vez que seria "[...] pela repetição do terror e, sobretudo, da angústia – ausentes no momento do impacto traumatizante – que, nos sonhos, o aparato psíquico tentaria, retrospectivamente, se preparar para o choque" (MAIA, 2005, op. cit., p. 200). Numa das passagens de seu livro *Extremos da alma: dor e trauma na atualidade e clínica psicanalítica*, Maia nos relembra o que para Freud estaria em jogo nos sonhos traumáticos: evitar o fator surpresa e preparar o psiquismo para o impacto do choque através da "sujeição psíquica das impressões traumáticas" (FREUD, 1920/1980, op. cit., p. 49).

Desde as teses que Freud avançara na carta 52 (Id., 1896/1980), as impressões traumáticas se referem ao registro de uma memória sensorial ou de impressões sensíveis, pois não alcançam a qualidade de representação que caracterizaria o traço mnésico. No caso dos sonhos traumáticos, essas impressões retornam, portanto, em obediência aos critérios da fixação e da repetição. Esses sonhos "possuem a característica de repetidamente trazer o paciente de volta à situação de seu acidente, numa situação da qual acorda em outro susto. [...] se encontra, conforme se poderia dizer, fixado em seu trauma" (Id., 1920/1980, op. cit., p. 24).

Em 1905, ao definir o mecanismo de fixação, Freud o faz em oposição à variabilidade do objeto da pulsão. Portanto, quando pensamos numa fixação ao trauma, ou, como bem afirmou Laplanche (1998, p.186), numa "fixação do trauma" – expressão que, segundo ele, seria mais sugestiva por comportar a imagem de uma flecha implantada –, estamos falando de algo que se apresenta sem nenhuma plasticidade em que "o tempo vivido estaria parado como um relógio avariado" (BARROIS, 1998, op. cit., p. 88). O que o mecanismo de fixação traz à baila é um modo de funcionamento mental que favorece a repetição de um vivido do mesmo, justamente desse momento de "rasgão" provocado pelo choque traumático o qual Freud ilustrara com a célebre metáfora da vesícula viva (1920/1980, op. cit.). Ao que tudo indica, "[...] a liquidação das excitações não acontece [...] a libido fica presa, soldada, sem mobilidade, sugada pelo trauma; associada quase que por inteiro, consciente e inconscientemente, à cena traumática" (UCHITEL, 2001, p. 51).

Nos casos de neurose traumática, Freud suspeita que a função do sonhar parece ter sido perturbada pelo trauma, já que, ao não incluir nenhuma possibilidade de prazer para nenhuma instância, os sonhos traumáticos evidenciam o fato de eles não obedecerem ao objetivo primário de realização de desejo, a não ser que tenham alguma relação com "as misteriosas tendências masoquistas do ego" (Id., ibid., p. 25).

Mesmo reconhecendo o caráter obscuro do tema, Freud (1920/1980, op. cit.) conclui que os sonhos traumáticos teriam função mais primária do que a veiculação de um desejo. Eles reativam a angústia para dar chance ao ego de reagir ao choque da forma como não pôde fazer no momento do acidente. Esta seria indicação de que haveria algo no sonho traumático que supera, ainda que de maneira absolutamente elementar e precária, um estado de passividade egoica radical, marca do traumático. César e Sara Botella (2002, p. 165) retomam esta hipótese ao afirmar que: "a dinâmica da neurose traumática não é uma simples repetição sofrida passivamente pelo ego – o ego dela participa".

A ressurgência do afeto de terror nos sonhos traumáticos, que nos fala do tempo congelado da fixação, ainda que sob um modo muito primitivo, sinaliza a tentativa do ego de "dominar" o excesso traumático. Isto se traduz pelos seus esforços em dominar o impacto traumático, processos que envolvem diretamente os mecanismos da "fixação no trauma e da compulsão a repetir" (FREUD, 1939 [1934-1938]/1980, p. 94). Assim, estas tentativas desesperadas e extremas de defesa do ego conduzem-nos uma vez mais ao campo da compulsão à repetição, apontando para a dimensão de "positividade" que parecem comportar, "porque a realidade psíquica não os evita, eles estariam de alguma maneira no registro do analisável, quer dizer, do elaborável [...]" (FINE, 2002, p. 8. Tradução nossa). Este aspecto da questão é revelador da complexidade da problemática da ligação, a qual consiste em religar representações. No caso da neurose traumática estas representações justamente não se encontram disponíveis.

A compulsão à repetição

No final de tudo "só se trata de viver porque esta é a história".
O pior já passou. O pior já passou?
(ESTEBAN, 1993, op. cit., p. 251)

Como temos indicado, os sonhos traumáticos são impulsionados pelo mecanismo da compulsão à repetição. O recurso a esta atesta o fracasso da capacidade de elaboração psíquica. Este fracasso, que constitui o próprio núcleo da neurose traumática, concerne a um impacto no processo de simbolização, impacto que não fará mais do que se repetir, "colocando em jogo de forma compulsiva isto que pode ser descrito como ponto de horror" (FINE, 2002, op. cit., p. 4. Tradução nossa).

Por veicular de modo compulsivo esse "ponto de horror", os sonhos de repetição das neuroses traumáticas são o corolário de um modo de funcionamento arcaico do psiquismo ao qual Freud (1919/1980) chegou a atribuir os adjetivos *estranho* e *demoníaco*. Demoníaco e estranho – pensamos – não somente pelo caráter de reiteração rítmica desses sonhos, mas sobretudo pela dimensão compulsiva e involuntária que comportam, veiculando de forma intrusiva para o ego aquilo que aponta para a força de *Thanatos* (FREUD, 1920/1980, op. cit.).

É seguindo também essa mesma perspectiva que Assoun elabora precisa análise semântica do termo "compulsão" na língua alemã. O autor sublinha que *Zwang* designa

> a utilização de uma violência (*Gewalt*) corporal ou psíquica. É por extensão, então, uma "necessidade" (*Notwendigkeit*), ou ainda, o exercício de uma "pressão" (*Druck*) [...]. Falaremos de *Zwang* então, em um novo deslizamento, como "exigência severa" à qual não podemos nos furtar. Há somente um passo daí à

> ideia de "obrigação" (*Verplichtung*) ou de "imperativo" (*Gebot*). Correlativamente, a ideia de *Zwang* comporta a noção de "limitação" (*Beschränkung*), quer dizer, de uma "inibição" (*Hemmung*) – o que fornece um aspecto "entravado" à ação "sob *Zwang*" (ASSOUN, 1994, p. 337. Tradução nossa).

Dando seguimento a essa pista de reflexão, acrescentemos que um sonho traumático pode ser definido, principalmente, por seu caráter inescapável em função de sua vinculação com o campo do pulsional, em especial com o pulsional mortífero. Podemos, então, supor que o que se coloca em movimento com a produção de um sonho desse tipo é uma exigência de trabalho feita ao psiquismo, no sentido de através dele existir a busca, a todo custo, de forma paradoxal e extremada, de se alçar ao universo representativo o que teria se cristalizado no registro das impressões sensoriais. Quanto a este aspecto, atestando as teses freudianas da carta 52, Janin afirma, com propriedade, que, no que tange aos sonhos traumáticos – analisados por ele a partir de alguns relatos clínicos – estaríamos no universo das percepções; tratar-se-ia da repetição de "uma percepção não organizável em representação fantasmática" (JANIN, 1999, p. 60. Tradução nossa).

A ideia de que os órgãos de sentidos estariam envolvidos nesse processo de percepção do terror parece-nos valiosa. Não é raro encontrarmos, na literatura sobre trauma, relatos de pessoas que, tendo vivenciado situações de extrema violência, costumam dizer, por exemplo, que sentem odores que as transportam de novo ao acidente que gerou o traumatismo. Além do olfato, também a visão e a audição seriam vias de efração privilegiadas, posto que na grande maioria dos casos são imagens visuais ou acústicas que alimentam os pesadelos de revivescência. Essas percepções, que retornam de forma distinta daquela que seria própria às representações verbais, abrem importante via de acesso ao que chamamos de núcleo das neuroses traumáticas.

É nessa mesma direção que Barrois irá concluir que, assim como Freud qualifica o sonho em geral como a *via regia* para acesso ao inconsciente, os sonhos traumáticos podem ser igualmente considerados como *via regia* para a elucidação do traumatismo psíquico, pois "são o coração da clínica dos problemas psicotraumáticos e da reflexão sobre o estatuto teórico da psicanálise" (BARROIS, 1998, op. cit., p. 174. Tradução nossa).

No nosso entender, o que estaria no cerne das neuroses traumáticas é justamente essa impossibilidade de veiculação do vivido de terror sob uma forma representacional. Os sonhos traumáticos têm por função veicular de forma figurada aquilo que nunca chega a fazer sentido para quem viveu um acontecimento traumático, por este ser da ordem daquilo que no início do presente artigo qualificamos de encontro excessivo, aniquilador e arbitrário com a morte. Assim, o estudo da questão da repetição sob a forma do pesadelo traumático não pode perder de vista um elemento essencial e diretamente envolvido com a compulsão à repetição: a transformação dos pensamentos oníricos em imagens visuais.

Essa transformação consiste num dos objetivos principais do sonho, conforme postulado por Freud no capítulo "Considerações de representabilidade" (FREUD, 1900/1980, op. cit.), e que em francês foi traduzido como "Consideração da figurabilidade". O termo *figurabilidade* parece-nos efetivamente mais apropriado que o de representabilidade, uma vez que comporta o sentido de algo que estaria situado aquém da representação, mas que pode ser figurado, já que seria relativo à força sensorial da imagem. Segundo Laplanche & Pontalis (1982/2001, p. 189), trata-se da: "Exigência a que estão submetidos os pensamentos do sonho: eles sofrem uma seleção e uma transformação que os tornam aptos a ser representados em imagens sobretudo visuais".

Nos sonhos aqui em questão tudo se passa como se, na ocorrência de uma situação traumática, a excitação recebida pelo aparato se movimentasse "numa direção para trás. Em vez de ser transmitida na direção da extremidade motora do aparelho, ela se movimenta no sentido da extremidade sensória e atinge finalmente o sistema perceptivo" (FREUD, 1900/1980, op. cit., p. 578). Ou seja, esses estímulos não se ligam a uma rede de representações e não encontram possibilidade de descarga. Nessa via regressiva, esses elementos acabam por produzir, conforme precisa Freud, uma "revivificação alucinatória das imagens perceptuais" (FREUD, 1900/1980, op. cit., p. 579).

A repetição das imagens perceptuais é o que está em jogo nos sonhos traumáticos, de modo que o que neles se repete situa-se aquém das palavras, insistindo em se repetir sob a forma de "transformação em imagens" (Id., ibid., p. 366). Portanto, tratar-se ia neste caso da dominância de um verdadeiro *trabalho*, diríamos nós, de figurabilidade, que se sobrepõe àqueles da condensação e do deslocamento. Essa ideia de transformação já estava presente desde 1900 e diríamos que conserva sua atualidade, uma vez que pode ser aplicada a um novo campo ao qual não havia sido diretamente vinculada naquele primeiro momento.

No campo do trauma, tudo se passa como se a ausência de representação concernente à experiência subjetiva advinda do evento traumático forçasse o psiquismo a transformar a percepção do terror na figuração de um pesadelo. Se este mecanismo está aquém dos limites do que poderíamos considerar como elaborável e, então, além do funcionamento do princípio de prazer, ele já constitui, por outro lado, um primeiro indício, uma ação preparatória para a realização de um trabalho e que se traduz no esforço desesperado do ego no sentido de sua sobrevivência narcísica.

Talvez encontremos aí um dos sentidos para a escolha de Freud de encerrar o seu magistral "Além do princípio de prazer" com o antigo adágio: "Ao que não podemos chegar voando, temos que alcançar manquejando. [...] O livro diz que não é pecado claudicar" (Id., 1920/1980, op. cit., p. 85).

REFERÊNCIAS BIBLIOGRÁFICAS

ASSOUN, P.-L. "La passion de répétition. Genése et figures de la compulsion dans la métapsychologie freudienne". In: *Revue Française de Psychanalyse*, n. 2. Paris: PUF, 1994.

BARROIS, C. "Action du traumatisme, traumatisme en action, action sur le traumatisme". *Nouvelle Revue de Psychanalyse*, n. 31, p. 239-257. *Les Actes*. Paris: Éditions Gallimard, 1985.

————. *Les névroses traumatiques: Le psychotérapeute face aux détresses des chocs psychiques*. Paris: Dunod, 1998.

BOTELLA, C. e BOTELLA, S. *Irrepresentável: mais além da representação*. Porto Alegre: Sociedade de Psicologia do Rio Grande do Sul: Criação Humana, 2002.

ESTEBAN, E. *Malvinas: diario del regreso.* Buenos Aires: Sudamericana, 1993.

FINE, A. "Fixation au trauma; réssurgence, élaboration". Conférence Vulpian, maio,

2002. Société Psychanalytique de Paris. Disponível em: <http://spp.asso.fr-SociétéPsychanallytique>. Acesso em julho de 2008.

FREUD, S. (1893-1895) "Estudos sobre a histeria". *Edição standard brasileira das obras psicológicas completas*, v. II. Rio de Janeiro: Imago, 1980.

———. (1900) "A interpretação de sonhos". *Edição standard brasileira das obras psicológicas completas*, v. V-VI. Rio de Janeiro: Imago, 1980.

———. (1905) "Três ensaios sobre a teoria da sexualidade". *Edição standard brasileira das obras psicológicas completas*, v. VII. Rio de Janeiro: Imago, 1980.

———. (1915) "Reflexões para os tempos de guerra e morte". *Edição standard brasileira das obras psicológicas completas*, v. XIV. Rio de Janeiro: Imago, 1980.

———. (1919) "O estranho". *Edição standard brasileira das obras psicológicas completas*, v. XVII. Rio de Janeiro: Imago, 1980.

———. (1920) "Além do princípio de prazer". *Edição standard brasileira das obras psicológicas completas*, v. XVIII. Rio de Janeiro: Imago, 1980.

———. (1939 [1934-1938]) "Moisés e o monoteísmo". *Edição standard brasileira das obras psicológicas completas*, v. XXIII. Rio de Janeiro: Imago, 1980.

———. (1950 [1887-1902]) "Extratos dos documentos dirigidos a Fliess". *Edição standard brasileira das obras psicológicas completas*, v. I. Rio de Janeiro: Imago, 1980.

———. (1896) "Carta 52". *Edição standard brasileira das obras psicológicas completas*, v. I. Rio de Janeiro: Imago, 1980.

JANIN, C. *Figures et destins du traumatisme*. Paris: PUF, 1999.

LAPLANCHE, J. *Novos fundamentos para a psicanálise*. São Paulo: Martins Fontes, 1992.

———. *Problemáticas I – A angústia*. São Paulo: Martins Fontes, 1998.

LAPLANCHE, J. & PONTALIS, J.-B. (1982) *Vocabulário da psicanálise*. São Paulo: Martins Fontes, 2001.

LEVI, P. *É isto um homem?* Rio de Janeiro: Rocco, 1988.

MAIA, M. S. *Extremos da alma: dor e trauma na atualidade e clínica psicanalítica*. Rio de Janeiro: Garamond, 2005.

REIS, E. S. (2004a) "Com Ferenczi buscamos uma intensidade". In: *De corpos e afetos – transferências e clínica psicanalítica*. Rio de Janeiro: Contra-Capa.

———— (2004b) "Corpo e memória traumática". Trabalho apresentado ao I Congresso Internacional de Psicopatologia Fundamental e VII Congresso Brasileiro de Psicopatologia Fundamental. Rio de Janeiro, 2004. Disponível em: <http://br.geocities.com/memoria_pensante/corpo_mem_traumschueler.html>. Acesso em julho de 2008.

SELIGMANN-SILVA, M. "A história como trauma". In: NESTROVSKY, A. & SELIGMANN-SILVA, M. (orgs.) *Catástrofe e representação*. São Paulo: Escuta. 2000.

UCHITEL, M. *Neurose traumática: uma revisão crítica do conceito de trauma*. São Paulo: Casa do Psicólogo, 2001.

Limites da interpretação

Luiz Augusto M. Celes
Claudia Amorim Garcia

Sugerimos retomar a compreensão da psicanálise segundo três perspectivas de sua clínica que não pretendem resumir ou reduzir toda a riqueza do pensamento psicanalítico nem homogeneizar seu campo, na verdade vasto e disperso. Essas três formas que propomos pensar não são novas e estão presentes em Freud: a psicanálise como clínica do trauma, como clínica da representação e como clínica da pulsão.

Em sua origem, tais clínicas se associam a métodos distintos de tratamento, embora não se delimitem de maneira estanque. Assim, à clínica do trauma em Freud associa-se o método da rememoração e transformação em palavras do afeto estrangulado, visando a ab-reação; à clínica da representação, fortemente assentada na compreensão do psiquismo como representação e linguagem, associa-se a interpretação de modo mais estrito, baseada na associação livre e na atenção flutuante; finalmente, à clínica da pulsão associam-se considerações sobre a defesa, a intensidade, a angústia, o narcisismo, os investimentos objetais e a destrutividade. Neste caso, não se pode verdadeiramente associar um método específico de tratamento, embora rememorações, interpretações e construções estejam presentes.

Nosso objetivo é abordar essas questões da associação entre o método e a clínica na sequência do texto, com a atenção voltada para a indicação de limites da interpretação em cada uma das formas. No entanto, não nos restringiremos às clínicas freudianas, tendo em vista o significativo desenvolvimento da psicanálise após Freud que colocou em xeque, de maneira mais explícita e radical, o limite do uso da interpretação como método privilegiado do tratamento psicanalítico. Tais evoluções da clínica psicanalítica mantêm relações complexas com a psicanálise freudiana, aproximando-se e dela se afastando, integrando suas premissas e conceitos ou delas se diferenciando, sempre em confronto crítico.

De fato, desde meados do século passado psicanalistas vêm considerando a clínica da representação e o método da interpretação como o que há de clássico na psicanálise, sendo o seu padrão. Paralelamente, vêm sendo apontados diversos limites da interpretação e mesmo a sua inoperância em determinados tratamentos, já que mudanças fundamentais ocorreram na clientela da psicanálise, com o aumento da procura de atendimento por pacientes que apresentam estruturas psíquicas não neuróticas, inviabilizando o procedimento padrão da cura analítica cuja base é a interpretação. Este processo não se deu somente no curto período de tempo entre a invenção da psicanálise (1900) até a década de 40-50: ele se acentuou a partir daí até o início do século XXI, quando nos encontramos ainda surpresos com suas novidades.

I.

Desde a Segunda Guerra Mundial vem ocorrendo um retorno à clínica do trauma que, de outro modo, já identificamos nos primórdios da produção freudiana. Isso aconteceu em consequência de vários fatores, dentre eles o fato de alguns psicanalistas (como Fairbairn e Winnicott) terem sido chamados a socorrer os órfãos de guerra. Desta forma, as consequências psíquicas do evento traumático passaram a ser objeto privilegiado da clínica psicanalítica e da teoria da constituição do psiquismo, este passando a ser entendido, de algum modo, como personalidade a ser integrada e constituída numa razoável unidade, como exemplificam o Ego central de Fairbairn e o verdadeiro *self* de Winnicott. A preocupação com os aspectos constitutivos do psiquismo tornou-se o objeto central do tratamento psicanalítico.

Embora tenhamos sugerido um retorno às origens da psicanálise freudiana ao nos referirmos à clínica do trauma, tal compreensão não parece fazer justiça ao que se passa. À clínica freudiana do trauma se alia a análise da memória (da memória do trauma), o que significa a recuperação da lembrança da experiência traumática – em cuja via regressiva de rememoração se associam os aspectos determinantes da doença nervosa traumática (as psiconeuroses) – com a finalidade da descarga do afeto supostamente estrangulado pela defesa (a repressão). Dá-se início, deste modo, à compreensão tão caracteristicamente psicanalítica do tratamento como trabalho psíquico por meios psíquicos (FREUD, 1890/1988). A rememoração da lembrança traumática se constitui, então, mãe da interpretação que, expressa em seu ápice na "Interpretação dos sonhos" (Id., 1900/1988), passa a ser objeto de desenvolvimento privilegiado em Freud, constituindo-se na técnica clássica da psicanálise, com significativos e profundos desenvolvimentos posteriores a Freud.

A análise modificada – alardeada pelos winnicottianos e muitos outros desenvolvimentos após Winnicott, mas não necessariamente winnicottianos, assumida, de modo geral, pelo que se tornou conhecido como psicanálise das relações de objeto – também se apoia e se justifica na clínica do trauma. Ela, porém, não se interessa pelo retorno à técnica freudiana da rememoração do evento traumático. Mais do que a rememoração do evento e a transformação em palavras das emoções que a acompanham, neste caso a regressão ostenta uma técnica de retorno às condições traumáticas primitivas impostas pela inadequação do objeto do qual dependeu o sujeito em seus primórdios. A regressão do paciente e a assunção pelo analista das funções do objeto primordial — como a de *holding*, o uso da interpretação entendida como forma de acolhimento e compreensão (WINNICOTT, 1979/1983), como também a assunção da função superegoica não crítica, apaziguadora, em confronto com os objetos internos excitantes ou perseguidores (FAIRBAIRN, 1952/1999; FIGUEIREDO, 2000, 2003) ou da função primordial de *revêrie* das identificações projetivas, que transforma elemento β em elemento α (BION, 1987/1994) – constituem-se como propostas exemplares da análise modificada. Assim, segundo Winnicott (1963/1983), na clínica do trauma trata-se, essencialmente, do manejo do ambiente, principal responsável pelo trauma e suas consequências. O trauma assim considerado não é aquele tomado por Freud, principalmente definido pela prematuridade da experiência sexual e que, como ele sugere (FREUD, 1905a/1989), tem potencial para causar distúrbios no desenvolvimento da sexualidade. Nem se trata do trauma pensado em dois tempos que enseja o recalque pela ressignificação da experiência infantil através do segundo tempo que se associa ao primeiro. Green (2002, p. 91) sugere entender com respeito ao trauma na concepção freudiana que "o que é verdadeiramente traumático é o retorno da lembrança recalcada, mais do que o evento traumático que foi suprimido da consciência". O método de tratamento, como já observamos é o da rememoração e transformação em palavras da lembrança traumática.

Por outro lado, no caso do trauma considerado pela psicanálise das teorias das relações de objeto, para o caso do trauma em pauta nos casos limites, seu efeito se faz não somente e nem primeiramente sobre a sexualidade, mas vai além: determina a própria construção do psiquismo. Particularmente, trata-se do trauma sobre o eu cujo resultado coloca em crise os limites egoicos e sua constituição integrada (Id., ibid.). A clínica analítica que para isso se volta tem por método a regressão, mas no sentido de conduzir à situação primitiva da constituição do psiquismo, particularmente, do eu, *self* ou personalidade. Para isso a análise oferece novo provimento ambiental que permite a dependência, recria, por assim dizer, as condições primitivas da dependência a partir da regressão. Seu objetivo é oferecer cuidado confiável ao *self* que permite a sua reorganização (WINNICOTT, 1969/1994). Mesmo que o acolhimento seja feito predominantemente na forma verbal, que só ocasionalmente o *holding* se torne físico (WINNICOTT, 1979/1983, p. 217) e que a comunicação verbal seja uma interpretação (esforço de dar sentido), o que norteia esta clínica é essencialmente uma atitude de compreensão, "uma verbalização do que está ocorrendo" (Id., ibid.) que sustenta a função central "de apoio simples ao ego" (Id., ibid.).

> Quando um psicanalista está trabalhando com pessoas esquizoides (chame isso de análise ou não) as interpretações visando o *insight* se tornam menos importantes, e a manutenção de uma situação adaptativa ao ego é essencial. A consistência da situação é uma experiência primária, não algo a ser recordado e revivido na técnica do analista (WINNICOTT, 1979/1983, p. 215)

Em suma, enquanto em Freud a regressão visa a recuperação de uma lembrança, na análise modificada o movimento regressivo objetiva a retomada de uma experiência traumática que deve ser restaurada. Desta maneira, e principalmente a partir da instigadora contribuição de Winnicott no campo da teoria das relações de objeto, apreende-se que a recordação e a interpretação encontram aqui seus limites. Nesses casos o que está em discussão são estruturas psíquicas fortemente marcadas pelo esquizoidismo, frequentemente denominadas de casos limítrofes ou pacientes *borderline*.

II.

Para a consideração da clínica da representação e do método da interpretação a ela associado, a questão será considerar os limites do método que, afinal, é próprio a tal clínica. A clínica psicanalítica da representação, considerada padrão, está voltada predominantemente para a análise de estruturações psíquicas neuróticas e se caracteriza pelo método da interpretação. Discutir, portanto, o limite da interpretação no que tange à clínica da representação cria, no mínimo, um embaraço de contradição. Discutir o limite da interpretação na proposta de um procedimento de interpretação de fato parece despropositado. No entanto a empreitada pode ser sustentada com a adoção da noção de paradoxo, fenômeno introduzido por Winnicott em seu aspecto estruturante e sua importância teórico-clínica: trata-se (GARCIA, 2010) de noção amplamente adotada pelos teóricos das relações de objeto, mas não somente, mostrando a riqueza das contribuições teóricas de Green com a adoção do mesmo pressuposto. Então, tomando aqui o problema do limite da interpretação na clínica da representação como questão paradoxal de importância teórica e clínica sem, no entanto, assumir a tarefa de desvelar as características do paradoxo, alguns desenvolvimentos iniciais podem ser sugeridos.

a) Na perspectiva teórica tratar-se-ia de argumentar, por exemplo, o alcance da interpretação para a elucidação do inconsciente. O aspecto paradoxal se encontra no fato de a interpretação se consolidar na psicanálise com a "Interpretação dos sonhos" (FREUD, 1900/1987), obra da qual resultou a primeira tópica cuja característica essencial é o inconsciente que, no entanto, resiste a interpretações definitivas. A questão do limite da interpretação do inconsciente foi introduzida explicitamente em "O inconsciente" (FREUD, 1915/1989), texto que, justamente, discute a insuperável barragem, nos sujeitos, entre inconsciente e pré-consciente-consciente: a hipótese do duplo registro, da dupla presença da mesma representação, uma inconsciente e outra pré-consciente-consciente, e a consideração de que a presença no pré-consciente-consciente se deve a uma interpretação, marca de maneira indiscutível o limite da interpretação para o desfazimento do inconsciente e mesmo para a elaboração do recalcado. O inconsciente que se consolida como descoberta, conceito e objeto da psicanálise por meio da interpretação (da interpretação do sonho) é, paradoxalmente, o grande resistente que se constitui como impedimento para a realização do esperado efeito da interpretação, qual seja, a própria dissipação do inconsciente, e para a elaboração que se faz necessária na solução da neurose. O limite da interpretação se encontra onde se espera que ela venha a reinar: no tratamento da neurose. Mais especificamente, seu limite se encontra no fato de que a neurose fundamentalmente não se trata, se por neurose, no sentido assim geral, compreendermos ser a descoberta do inconsciente como constituição basal e radical do psiquismo. Então o inconsciente não se apreende de todo, pois o contrário significaria a destituição do psiquismo como tal, uma vez que ele se define por ser inconsciente. Assim, embora a interpretação como técnica de psicanálise tenha conduzido em sua origem a um otimismo com respeito à linguagem, na feliz asserção de Kristeva (1996), em suas possibilidades de apreensão e tratamento do psiquismo, ela cedo encontra seu limite na fronteira que separa as representações inconscientes das pré-conscientes-conscientes. A descoberta da psicanálise anuncia precisamente que tal separação é definitiva, embora possa ser móvel a fronteira que distingue a instância inconsciente da pré-consciente-consciente.

Outro limite para a interpretação já fora sugerido por Freud nos "Estudos sobre a histeria", algo como o "núcleo do recalcado" (FREUD & BREUER, 1895/1987). Trata-se da impossibilidade de alcançar o que se constituiu inconsciente fora da representação verbal, ou além dela. Isso pode ser apreendido, no campo das representações das experiências, como sendo a representação da experiência que se deu sem palavras, anterior à linguagem. Aqui entram em consideração traços da experiência que não se ligaram a palavras e que, portanto, na concepção freudiana, jamais foram propriamente recalcados. Podem ser entendidas como experiências de destinos pulsionais, por assim dizer, pré-verbais, e que insistem na forma do recalcamento originário – algo próximo aos traços de memória da passagem da intensidade, ainda sem objeto e sem descarga, mencionados no "Projeto" (FREUD, 1950/1988). Vários anos mais tarde, em "Recordar, repetir e elaborar" (Id., 1914/1987), encontramos novamente referência a essas experiências que não se deixam interpretar.

As discussões com respeito às fantasias originárias – estas matrizes humanizadoras, situadas além das determinações ontogenéticas, que não são propriamente interpretáveis, mas construídas – mostram outros exemplos marcantes do limite da interpretação, embora nos mantenhamos no interior das conquistas psicanalíticas (teóricas e clínicas) viabilizadas pela técnica da interpretação. Em resumo, o limite da interpretação, do ponto de vista teórico, do qual destacamos somente alguns aspectos, está na ideia de que a neurose como definidora do caracteristicamente humano (isto é, do sujeito constituído pelo inconsciente) não se cura, o que significa dizer que o inconsciente não se desfaz e que, portanto, o alcance de uma interpretação é sempre restrito.

b) Na perspectiva clínica, certamente outros fatores necessitam ser considerados para conduzir ao desejado bom termo a tarefa da interpretação. Para nos atermos a um único aspecto, a transferência faz aqui sua entrada decisiva. O decisivo, neste caso, não será a definição da transferência como conceito que elucida um processo psíquico, resultado do deslocamento do afeto entre representações, como entendida a noção de transferência na "Interpretação dos sonhos" (Id., 1900/1987). A bem dizer, a respeito da transferência, esta falha. O caso Dora (Id., 1905a/1989) o mostra de modo exemplar. Embora dominando profundo e sedimentado conhecimento do inconsciente, Freud aí hesita justamente com respeito à transferência como coadjuvante principal da clínica psicanalítica. Do saber clínico psicanalítico de Freud excluía-se o saber sobre a transferência (CELES, 1995) – o saber de que a transferência é parceira principal da interpretação e, assim, condição da análise. É aceitável o entendimento de que Freud jamais apreendeu a transferência em toda sua importância para o tratamento psicanalítico. Sua compreensão fundamental quanto à transferência, sabe-se, sempre acentuou seu caráter de resistência. Desse modo, a transferência se torna ela mesma objeto da interpretação. Não se trata aqui da proposição de abandonar o sentido de resistência que tem a transferência, seu aspecto, afinal de contas, interpretável, mas de reconhecer que o vínculo de transferência não é totalmente interpretável, não podendo, portanto, ser levado cabalmente de volta ao seu passado originário.

No entanto, e paradoxalmente, a transferência é condição para a eficácia da interpretação. Semelhantemente à sugestão, como já o havia mostrado Freud, é a natureza da transferência como vínculo afetivo com o analista que cria a condição para a interpretação e veicula seu efeito. Parafraseando Freud (1937a/1986), a interpretação torna-se eficaz quando suscita a pulsão emergente que, por ser emergente, se faz, justamente, presente como transferência. O limite da interpretação será, neste sentido, a alteridade que se situa e aloja na borda da transferência, isto é, a alteridade que o analista evoca além da transferência, como objeto real e atual que também se apresenta na relação analítica. Como não se pode afirmar que o neurótico vive exclusivamente no interior de suas fantasias transferencialmente determinadas – embora, como afirma Ferenczi (1927/1991, p. 181), "o homem só pode amar-se a si mesmo e a mais ninguém; amar a outrem equivale a integrar esse outrem no seu próprio ego" –, a alteridade que é o analista somente será apreendida na nebulosa borda da transferência, em seus confins. Mas confins não são limites, pelo menos não no sentido bem traçado de uma fronteira, de nítida separação. Talvez não seja inadequado, inspirados em Winnicott, falar aqui de confins como transicionalidade, espaço potencial entre o si-mesmo e a realidade (a alteridade, neste caso). A elucidação desse espaço onde a alteridade se apresenta é um trabalho sobre a transferência e com a transferência no qual a interpretação, sem esquecer a origem da transferência, não pode fazer muito. Levando adiante, por nossa conta, a citada compreensão de Ferenczi (Ibid.), sugerimos entender que o tratamento analítico tem por objetivo alcançar a alteridade que vagueia, por assim dizer, no laço de amor, embora este laço seja fundado no outro que está integrado ao eu, isto é, no outro que é base da transferência. Não é, portanto, um trabalho de interpretação, mas um trabalho sobre seu limite.

Não se pode, então, de modo completo desfazer-se do vínculo transferencial, dado que a transferência é a base de toda vinculação afetiva. Resumindo, aqui também se pode afirmar que a interpretação encontra seu limite na consideração do que é caracteristicamente humano conforme alcançou entender a psicanálise quando assevera que a transferência é solo onde se enraíza todo vínculo afetivo e de onde se nutre toda escolha libidinal de objeto, portanto irredutível a uma interpretação derradeira.

Outro aspecto fundamental com respeito ao limite da interpretação como técnica do tratamento é a castração. O rochedo da castração, no qual se assentam os alicerces da neurose, não se presta à interpretação. A castração como tal fato fundamental foi aproximada por Freud às fantasias originárias e com elas goza da condição de não ser analisável. Na história singular de cada um, a castração faz seu efeito não como compreendida nem como interpretada, mas enquanto assumida como castração. O recalque da castração do outro suporta a interpretação até determinado limite a partir do qual a integração da castração no eu não é mais possível e é substituída pelo ideal, este ideal que, por sua vez, constitui-se como afronta à realidade de um eu castrado. Nos termos freudianos, podemos sugerir: ideal que se eleva para iludir o neurótico a respeito de sua castração. Também o ideal que ilude a castração não se dissolve na interpretação, tornando-se a análise quase um trabalho de convencimento de abandono da realização completa do ideal, um trabalho de pós-educação, como o designou Freud (1916-1917/1987), ou de renúncia da completa satisfação, como também o compreendeu Freud (1930/1988) em "O mal-estar na civilização".

Na concepção freudiana da neurose, à castração se associa a feminilidade, cujo repúdio impede a conclusão da análise (Id., 1937b/1986). O que não se analisa e o que não se interpreta coincidem no caso: a condição fundamental da passividade. A partir de J. André (1996) podemos compreender o limite da interpretação no caso da passividade, posto tratar-se de condição original de subjetivação à qual não se acede como sentido, mas somente como condição, consequência inelutável do desamparo constitutivo. Neste sentido, a interpretação do sintoma ou da idealização neuróticos somente pode revelar, em seu termo, o desamparo originário, no qual toda interpretação cessa. O neurótico está destinado ao trabalho infindável de dar sentido, tanto mais trabalhoso quanto mais neurótico for, isto é, quanto mais idealizada for sua perspectiva de compreensão de sua vida e maior o retorno do recalcado da castração. O que quer dizer: quanto mais apegado defensivamente estiver o sujeito ao seu narcisismo. Assim, o neurótico é conduzido ao trabalho de interpretação sem fim e limitado em seu alcance.

Estamos, no que se refere aos dois aspectos discutidos da transferência e da castração, no reino da representação e do inconsciente. Aí a interpretação encontra seus limites tanto na apreensão da alteridade quanto na assunção do real. Além desses aspectos, por assim dizer, simbólicos e imaginários, característicos da dinâmica neurótica, outra trava se impõe à interpretação de maneira decisiva, a saber, a pulsão.

III.

Certamente a obra freudiana é multifacetada, comportando diversos e múltiplos aspectos e desenvolvimentos nem sempre perfeitamente integrados e compostos numa unidade sem fraturas. Essa característica deve ser levada em consideração nas tentativas da classificação do texto freudiano como orientado por um único vetor, já que a multiplicidade do argumento freudiano parece testemunhar a extrema dificuldade da unificação da psicanálise. O efeito danoso de uma tentativa de unificação é tão importante quanto o de sua leitura ortodoxa, que também introduz vieses que mal escondem as intenções de seus proponentes. No entanto, e de todo modo, podemos alcançar razoável concordância entre as diversas leituras de Freud ao sugerir que a psicanálise freudiana se assenta sobre a teoria pulsional, mesmo que em alguns momentos do desenvolvimento freudiano a pulsão não esteja destacada e somente encontre abordagem paralela ou residual. Isso é o que acontece com boa parte do desenvolvimento freudiano sobre o inconsciente como representação e pensamento, apresentado principalmente nos textos metapsicológicos da década de 10.

Anzieu (1959/1989) sugere que se entenda o Caso Dora (FREUD, 1905a/1989,) como obra que teria por objetivo completar as reflexões da "Interpretação dos sonhos" (Id., 1900/1987), justamente buscando aplicar as descobertas dessa obra a um caso de neurose. O referido caso estaria no lugar do último capítulo - "Sonho e neurose" – planejado para compor a "Interpretação dos sonhos", porém não realizado. A ideia é a de que o Caso Dora viria validar a concepção do inconsciente e seus processos no âmbito da neurose, posto que sua origem é o sonho, fenômeno, como se sabe, não restrito às neuroses. De modo mais específico, a utilidade da interpretação de sonhos para a condução de um tratamento foi um dos objetivos explicitamente anunciados por Freud (1905a/1989) para o caso. Mas não somente o método (a interpretação de sonhos) e a constatação dos processos inconscientes na neurose constituem tema do Caso Dora. Como inesperadamente, considerando-se a ocasião da redação do Caso Dora (janeiro de 1900), o tema da sexualidade é introduzido no caso sem muitas explicações. Na verdade, Freud pede ao leitor crença com respeito à função da sexualidade no caso, abstendo-se de qualquer esboço teórico, embora conceitos da sexualidade infantil apareçam dispersos ao longo da narrativa.

O texto, então, cuja finalidade foi introduzir um diálogo possível entre "A interpretação dos sonhos" (FREUD, 1900/1987) e os "Três ensaios" (Id., 1905b/1989), revela uma clínica cheia de problemas e uma concepção de teoria da sexualidade imposta ao leitor como crença que, de outra parte, não se esgota nas interpretações que Freud propõe do caso. Neste sentido, é razoável perguntar se esse caso traz mais significativamente um esboço da sexualidade que antecipa a teoria que virá a seguir na forma de ensaios, ou se o que mais se aprende com ele é o uso da interpretação como técnica eficaz para a revelação do inconsciente. De qualquer forma, o caso Dora pode ser entendido como um caso de exploração em que os temas da transferência e da homossexualidade (e da identificação) sobressaem com tanta e tamanha importância que vendam nossos olhos para as questões do apelo à crença para indicar a importância da sexualidade na configuração da neurose e da presteza da interpretação como reveladora do inconsciente mais do que como técnica de tratamento.

As considerações sobre o caso Dora não se aplicam ao caso conhecido como o da Jovem homossexual (Id., 1920a/1989) que escolhemos para abordar a clínica da pulsão e o limite da interpretação, que mais claramente nos parecem aí ser introduzidos. A análise da jovem homossexual se ancora no bojo de uma teoria do inconsciente e uma teoria da sexualidade razoavelmente bem estabelecidas, como também seguro se encontrava Freud, naquele momento, com o manejo da técnica da interpretação que revela o inconsciente. Embora seja possível associar alguns pontos entre esses dois casos, inclusive quanto a seus efeitos contratransferenciais, o que marca mais profundamente nossa atenção é o fato de ambos se encontrarem guiados pela questão da sexualidade e, em consequência, fazerem sobressair a clínica da pulsão e de seus destinos, o que inevitavelmente nos conduz a questões relativas à eficácia da interpretação, como parece indicar a análise de Dora.

O caso de 1920 é contemporâneo de textos que radicalizam posições anteriores de Freud, como "Além do princípio do prazer" (FREUD, 1920b/1989) e "Psicologia de grupo e análise do ego" (Id., 1921/1989). Este último retoma a questão da identificação (que está presente na elaboração freudiana do caso Dora) para a formação dos ideais e do eu. Neste sentido, aponta questões da constituição do ego, que podem ser aproximadas ao tema do limite da interpretação ante as questões concernentes ao ego, à personalidade ou ao *self* da clínica modificada.

Por sua vez, "Além do princípio do prazer" radicaliza, a nosso ver, a teoria pulsional (presente em Dora na forma da sexualidade infantil, ainda que não completamente conceituada então), radicalidade que aponta o limite absoluto da interpretação: a pulsão de morte, a destrutividade em sua base, a tendência ao zero, o desligamento, a compulsão à repetição, que não encontram sentidos. A pulsão de morte é o princípio pulsional por excelência e como tal não tem sentido. Mas o que tem a ver com isso o caso da Jovem homossexual além da proximidade cronológica?

De fato, no texto da jovem homossexual nem a identificação nem a pulsão de morte estão propriamente em relevo. O caso é aqui significativo pelo que retoma da análise do destino da pulsão. Trata-se em primeiro plano da pulsão sexual e suas aventuras psíquicas, aventuras *realizadas*, o que quer dizer, metapsicologicamente falando, com economia pulsional bem assentada e conflito psíquico cuja solução de compromisso não está em questão. Freud afirma: "A jovem não era uma enferma – não padecia por razões internas nem se queixava de seu estado – e a tarefa proposta não consistia em solucionar um conflito neurótico, mas transportar uma variante da organização genital para outra" (FREUD, 1920a/1989, p. 144, tradução livre do espanhol).

Sabe-se que Freud coloca fora do alcance da psicanálise a tarefa de transportar a variante homossexual da organização genital para uma outra variante, como a heterossexual. Além disto, "não padecia de razões internas" significa que não se tratava de sofrimento neurótico. No entanto, Freud aborda o caso segundo uma direção de tratamento padrão que se desenvolve em duas fases, consistindo na fase da interpretação e na fase da elaboração. A primeira fase (ou primeiro tempo, como ocorreu no caso), tratou da investigação, da busca de conhecimento sobre a organização da subjetividade da jovem e da construção da origem, desenvolvimento e destino de sua sexualidade, em síntese, das vicissitudes da pulsão. A segunda fase, da elaboração, não foi realizada, segundo Freud, pela impossibilidade de alterar a economia pulsional, dado que sua solução não se deveu a um conflito interno (quer dizer, neurótico). Novamente a interpretação se reafirma em seu prestigiado valor de descoberta, de investigação do inconsciente, no qual se estabelecem as vias pelas quais se decide o destino pulsional. No entanto, a interpretação não se consolida, aprendemos com o caso, como instrumento suficiente para sustentar a elaboração que seria a face complementar do tratamento. O que assim se anuncia de maneira significativamente importante, parece-nos, é o divórcio entre a interpretação, a análise propriamente, e a consolidação do tratamento. Diferentemente do que se espera, a interpretação não é seguida da elaboração. Os motivos dessa descontinuidade podem ser diversos.

Segundo a compreensão freudiana não haveria aí, no caso específico, o que tratar. No entanto, nem mesmo Freud parece convencido disso, pois sugere que a analisanda se submeta ao tratamento com uma mulher que, na suposição de Freud, poderia entendê-la de maneira mais adequada e conduzir seu tratamento sem os percalços contratransferenciais que parecem tomar Freud. Diante do propósito explícito de Freud de não tratar a homossexualidade, a iniciativa de encaminhamento da jovem sugere que ele compreendeu, finalmente, que aí existiam conflitos que estariam ao alcance da psicanálise, que deveriam ser submetidos à elaboração. Com isso, podemos desenvolver nossa argumentação em direção ao entendimento de que a interpretação encontra seu limite para o propósito de modificar a economia pulsional, embora se mantenha a convicção de que ela permanece sendo a condição fundamental que conduz à elaboração dos conflitos psíquicos.

Sugerimos que o motivo da publicação desse caso contém a razão da fratura entre a interpretação e o tratamento. Assim, entendemos que a publicação do caso se deve ao objetivo de reintroduzir o tema da pulsão e dos seus destinos na condução de uma análise – é bom lembrar que a questão pulsional estava em discussão em "Além do princípio do prazer" – e ao objetivo, explicitado por Freud, de levantar as questões referentes à inadequação de tratamento da homossexualidade. A introdução da temática da economia pulsional e seu papel na organização do psiquismo para a clínica psicanalítica abre, assim, uma frente de discussão que parecia suspensa na psicanálise, voltada que estava prioritariamente para as questões da interpretação e da descoberta do inconsciente. A pulsão se reintroduz como tema e como destino, mostrando-se renitente ao tratamento psicanalítico e colocando-se fora do alcance da investigação interpretativa como meio de recondução das moções pulsionais por via diferente da já estabelecida. Então, se no caso da Jovem de 1920 a interpretação faz seu papel na descoberta da história da organização psíquica, do destino da pulsão sexual genital, como também na expectativa de uma elaboração possível em outra análise, por outro lado dificilmente se incluiria na sequência dos efeitos da interpretação a modificação dos destinos pulsionais genitais.

Verificamos, então, um duplo limite para a interpretação: um para casos além da neurose e outro para a modificação dos destinos pulsionais. A maneira como o caso da Jovem homossexual é tratado por Freud permite-nos estabelecer a ideia de que os dois limites aqui expressos são mutuamente dependentes. O caso trata da questão dos destinos pulsionais que estariam alheios aos conflitos internos. Usando outra noção que não se aplica necessariamente ao caso da Jovem, podemos entender ser o caso do limite da interpretação para o tratamento de uma organização perversa do psiquismo. Então, seja no seu sentido mais inicial em Freud, que compreende a perversão como continuidade da sexualidade infantil (sendo a neurose o seu negativo), seja no sentido posterior, no qual Freud credita à organização perversa o mecanismo da desmentida ou recusa (*Verleugnung*), em ambos os casos esbarramos com o limite da interpretação no tratamento psicanalítico no que tange especificamente a questões dos destinos pulsionais. Num Freud tardio (FREUD, 1940/1986), a questão da cisão do eu decorrente do processo de defesa (recusa ou rejeição – *Verleugnung*) parece se colocar no lugar de se considerar o limite da interpretação para a dissolução (ou solução) da mesma cisão. Aproximamo-nos aqui, novamente, da questão do limite da clínica da interpretação em vista da castração. Somente que agora a situação parece tornar-se mais radical, pois não se trata do insolúvel da castração recalcada, mas do efeito de divisão do eu em consequência de defesa mais decisiva que o recalcamento, exatamente a defesa da rejeição (*Verleugnung*). É pertinente conduzir esse raciocínio até a compreensão de Figueiredo (2003, particularmente p. 57-75.) da *Verleugnung* como "desautorização", que teria por efeito encapsular as representações que permanecerão, assim, impedidas da associação com outras representações, limitando, portanto, o trabalho associativo e o trabalho complementar a este, da interpretação.

Se o caso da jovem homossexual coloca em cena a pulsão como baluarte da resistência em análise, o texto "Além do princípio do prazer", por sua vez, retoma tematicamente a teoria pulsional, conduzindo-a ao extremo de si mesma do ponto de vista temático-conceitual. A pulsão passa a ser compreendida, a partir daí, verdadeiramente como conceito limite: limite da teoria, limite do psiquismo, limite da interpretação como tratamento, limite do analisável. Tais limites se expressam em casos significativamente presentes na atualidade da clínica psicanalítica, como as compulsões aditivas, anorexia, bulimia, abuso de drogas, a compulsão de repetição dos neuróticos, as patologias da violência, sem nomes ou gratuitas, num mundo urbano competitivo, padronizado e exigente.

IV.

Para concluir, o que nos parece mais significativo remarcar do sumário desenvolvimento aqui proposto são duas ideias: a dificuldade de assegurar a continuidade entre interpretação e tratamento e o inalcançável da pulsão como constitutivo radical do humano.

Quanto à primeira proposição, seria o caso de se perguntar: o que pode fazer o psicanalista além de interpretar? Que outros instrumentos tem em mãos, que outra técnica que não traia a psicanálise? Quer dizer, os analistas têm como tarefa buscar uma técnica ou um método que simultaneamente investigue e trate (na forma analítica), isto é, uma técnica que seja constitutiva da psicanálise, uma vez que a interpretação por si só não alcança todas essas metas. Estariam os psicanalistas destinados a reinventar a psicanálise a cada vez? De maneira genérica, a resposta seria sim, pois cada análise é singular e se constrói a cada vez. Mas isso não responde a nossa pergunta, pois a psicanálise não se esgota nos casos singulares de psicanálise, mas pretende constituir-se também como teoria do psiquismo e teoria do tratamento (teoria da técnica). Pode-se inclusive afirmar que foi o esforço teórico dos psicanalistas, a começar por Freud, o responsável pela vigência da psicanálise como teoria do sujeito, embora se realize originariamente como clínica, como tratamento.

Podemos supor que os psicanalistas que discutimos inicialmente (Winnicott, Fairbairn, Bion, Green), dentre outros, depararam-se com a dificuldade que aqui tentamos explicitar a nosso modo. E que a análise modificada, assim como a teoria das relações de objeto, tenham sido tentativas de reinventar a psicanálise, modos de buscar a compreensão de uma técnica que alcance analisar e tratar. Não importa se concordamos completamente com os caminhos por eles tomados. O que nos parece é que suas propostas não se justificam apenas nos casos que lhes eram alheios até então, como os casos limites e as psicoses. Tais autores também nos ensinam a perceber que o método da interpretação necessita de consideração até mesmo no tratamento da neurose. Foi o argumento que buscamos também aqui desenvolver ao apontar os limites específicos da interpretação para os chamados casos não-neuróticos e também para os neuróticos. Em verdade, buscamos estender aos neuróticos a crítica à interpretação para utilização nos não-neuróticos, atentos certamente às suas especificidades. Isso fizemos sem aderir a nenhuma das opções sugeridas. Assim, postulamos limites constitutivos da interpretação na tarefa da psicanálise como seu limite para a superação da descontinuidade entre a interpretação e a elaboração, o limite da interpretação para o desbaratamento completo do inconsciente e a sua limitada eficácia para modificações na economia pulsional. Resta a pergunta: trata-se da fraqueza do método ou estamos diante de um impasse de fundamento?

O limite da análise imposto pela pulsão que não se deixa interpretar completamente exige a consideração da hipótese de um limite constitutivo do psiquismo, impedimento insanável, limite intransponível. Mas isso não nos conduz à descrença com relação à psicanálise, queremos dizer com o tratamento que é a psicanálise. A experiência cotidiana de uma análise se realiza por anos a fio e nela a interpretação (investigativa, compreensiva ou nomeadora de moções pulsionais) cria processualmente, por assim dizer, uma trama de significados que, em conjunto com as associações, constituem elaborações que, acreditamos, levam à possibilidade de outras perspectivas de existência, mais satisfatórias, talvez menos atravessadas pela inconformidade da não-solução definitiva dos sofrimentos da vida cotidiana.

Referências bibliográficas

AI DRÉ, J. *As origens femininas da sexualidade.* Rio de Janeiro: Jorge Zahar, 1996.

ANZIEU, D. (1959) *A auto-análise de Freud e a descoberta da psicanálise.* Porto Alegre: Artes Médicas, 1989.

BION, W. R. (1967) *Estudos psicanalíticos revisados.* Rio de Janeiro: Imago, 1994.

CARDOSO, M. R. & GARCIA, C. A. (2010) *Entre o eu e o outro: espaços fronteiriços.* Curitiba: Juruá.

CELES, L. A. M. (1995) *Sexualidade e subjetivação: um estudo do Caso Dora.* Brasília: Editora Universidade de Brasília.

FAIRBAIRN, W. R. D. (1952) *Psychoanalytic studies of the personality.* London and New York: Routledge, 1999.

FERENCZI, S. (1927) *Obras completas, Psicanálise I*, v. 1. São Paulo: Martins Fontes, 1991.

FIGUEIREDO, L. C. "Subjetivação e esquizoidia na contemporaneidade: questões metapsicológicas". *Cadernos de psicanálise*, *16*(19), 13-32, 2000.

————. *Psicanálise: elementos para a clínica contemporânea.* São Paulo: Escuta, 2003.

FREUD, S. (1890) "Tratamiento psíquico (tratamiento del alma)". *Obras completas*, v. 1. Buenos Aires: Amorrortu Editores, 1988.

————. (1900) "La interpretación de los sueños". *Obras completas*, v. 4-5. Buenos Aires: Amorrortu Editores, 1987.

————. (1905a) "Fragmento de análisis de un caso de histeria". *Obras completas*, v. 7. Buenos Aires: Amorrortu Editores, 1989.

————. (1905b) "Tres ensayos de teoría sexual". *Obras completas*, v. 7. Buenos Aires: Amorrortu Editores, 1989.

————. (1914) "Recordar, repetir y reelaborar (Nuevos consejos sobre la técnica del psicoanálisis, II)". *Obras completas*, v. 12. Buenos Aires: Amorrortu Editores, 1987.

———. (1915) "Lo inconciente". *Obras completas*, v. 14. Buenos Aires: Amorrortu Editores, 1989.

———. (1916-1917) "Conferencias de introducción al psicoanálisis". *Obras completas*, v. 15-16. Buenos Aires: Amorrortu Editores, 1987.

———. (1920a) "Sobre la psicogénesis de un caso de homossexualidad femenina". *Obras completas*, v. 18. Buenos Aires: Amorrortu Editores, 1989.

———. (1920b) "Más allá del principio de placer". *Obras completas*, v. 18. Buenos Aires: Amorrortu Editores, 1989.

———. (1921) "Psicología de las masas y análisis del yo". *Obras completas*, v. 18. Buenos Aires: Amorrortu Editores, 1989.

———. (1930) "El malestar en la cultura". *Obras completas*, v. 21. Buenos Aires: Amorrortu Editores, 1988.

———. (1937a) "Construcciones en el análisis". *Obras completas*, v. 23. Buenos Aires: Amorrortu Editores, 1986.

———. (1937b) "Análisis terminable y interminable". *Obras completas*, v. 23. Buenos Aires: Amorrortu Editores, 1986.

———. (1940) "La escisión del yo en el proceso defensivo". *Obras completas*, v. 23. Buenos Aires: Amorrortu Editores, 1986.

———. (1950) "Proyecto de psicología". *Obras* completas, v. 1. Buenos Aires: Amorrortu Editores, 1988.

FREUD, S. & BREUER, J. (1895) "Estudios sobre la histeria". *Obras completas*, v. 2. Buenos Aires: Amorrortu Editores, 1987.

GARCIA, C. A. (2010) "Continuidade e ruptura no processo de constituição psíquica". In: CARDOSO, M. R. & GARCIA, C. A. (eds.). *Entre o eu e o outro: espaços fronteiriços* (p. 29-46). Curitiba: Juruá.

GREEN, A. *La pensée clinique*. Paris: Odile Jacob, 2002.

GREEN, A. *Ideas directrices para un psicoanálisis contemporáneo: desconocimiento y reconocimiento del inconsciente*. Buenos Aires: Amorrortu, 2005.

KERNBERG, O. *La teoría de las relaciones objetales y el psicoanálisis clínico*. Buenos Aires: Editorial Paidós, 1979.

KRISTEVA, J. *Sens et non-sens de la révolte. Pouvoirs et limites de la psychanalyse* I. (Discour direct). Paris: Fayard, 1996.

ROUSSILLON, R. *Agonie, clivage et symbolisation*. Paris: Presses Universitaires de France (PUF), 1999.

VAZ, H. C. d. L. "O ethos da atividade científica". *REB – Revista Eclesiástica Brasileira*, v. 133, p. 45-73. Petrópolis (RJ): Vozes, 1974.

WINNICOTT, D.W. (1969) "A importância do *setting* no encontro com a regressão na psicanálise". In: WINNICOTT, C., SHEPHERD, R. & DAVIS, M. (orgs.). *Explorações psicanalíticas. D. W. Winnicott* (p. 77-81). Porto Alegre: Artes Médicas, 1994.

————. (1979) *O ambiente e os processos de maturação*: *estudos sobre a teoria do desenvolvimento emocional*. Porto Alegre: Artes Médicas, 1983.

Interpretação — poder e limites

Ana Maria Rudge

O tema proposto para a mesa, "os limites da interpretação", já nos encaminha para um debate que tem alcançado bastante espaço na psicanálise de hoje no Brasil. Existiria oposição entre os que acham que a interpretação é que é a grande arma da psicanálise e os outros, para quem a relação terapêutica é que promove as modificações. De modo mais geral, essa oposição é encarada por alguns psicanalistas como tendo o poder de distinguir os analistas freudianos e lacanianos e os winnicottianos e/ou ferenczianos. O primeiro grupo, segundo os que propõem esse mapeamento do campo psicanalítico, privilegiaria a responsabilização do cliente em relação ao inconsciente, enquanto o segundo privilegiaria o cuidado e o *holding*. Essa formulação costuma implicar uma crítica aos freudo-lacanianos apoiada tanto na advertência de Ferenczi quanto à insensibilidade do analista, que pode formular interpretações carentes de tato, quanto na importância concedida por Winnicott ao manejo do ambiente.

Ainda assim, como toda dicotomia, esta também está sujeita ao defeito de uma simplificação, visto que os polos interpretação e *holding* não são independentes um do outro e que toda análise os envolve, a ambos. O manejo da transferência e a modulação da angústia são funções fundamentais do analista que estão em jogo em qualquer análise, assim como a interpretação. No quadro da mesma oposição, alguns acreditam, como Gedo (apud AGUILLAUME, 2007), que o tipo de intervenção a que o psicanalista dá preferência deverá ser regulado pelo tipo de patologia do analisando. As neuroses solicitariam um tratamento à base da interpretação, enquanto as patologias mais graves pediriam tratamento baseado no *holding*.

De forma geral, a interpretação tem sido ferramenta fundamental da prática psicanalítica, mas sua posição tem sido modificada no sentido de uma limitação na mesma medida em que a teoria psicanalítica sofre modificações e se desenvolve, e isso tanto mais quanto, a cada vez mais, a psicanálise se interessa por patologias diversas das neuroses clássicas. Para circunscrever melhor os limites da interpretação, temos que primeiro precisar do que falamos quando falamos de interpretação analítica.

As interpretações que o pai da psicanálise, em sua dedicação à pesquisa e à abertura do novo campo de saber, registrou em seus escritos dedicados aos grandes casos clínicos, são facilmente criticáveis hoje em dia por seu cunho didático, seu cunho explicativo e, portanto, de molde a favorecer um efeito sugestivo. A sugestão é um risco constante a que as interpretações estão expostas, e as interpretações muito explicativas são especialmente sujeitas a isso.

Apesar do risco, a interpretação psicanalítica é instrumento fundamental e inseparável de nossa prática, cujos princípios gerais foram formulados na obra do mestre. O que Freud enuncia, já no texto sobre o início do tratamento (FREUD, 1913), é que a interpretação só cabe a partir do momento em que a transferência se tenha estabelecido; essa é a base de seu poder. O analista não pode perder de vista a transferência, de forma a regular o que merece ser dito, o que pode ter efeito. *In effigie* nada pode ser modificado. Sabemos que o autor virá a indicar também que só depois de algum tempo se poderá avaliar o sucesso ou não da interpretação por seus efeitos (Id., 1937), o que significa que a resposta imediata do analisando, seu assentimento ou não à interpretação, não tem importância; isso já nos adverte que é, no mínimo, inteiramente vã qualquer tentativa de convencer o analisando do acerto do analista.

A presença da transferência e a articulação adequada da interpretação com a mesma é o que caracteriza aquilo que, em seu clássico artigo de 1934, Strachey chamou de interpretação mutativa. Observando o quanto a fórmula "tornar o inconsciente consciente" pode levar a grande ambiguidade e confusão, que efetivamente encontrou no campo psicanalítico da época, esse autor propõe definir a interpretação analítica que obtém eficácia terapêutica. Esta ele cunha como interpretação mutativa e frisa que sempre incide sobre o que está vivo na transferência. Além do mais, deve obedecer aos princípios das doses mínimas, já que a clínica mostra que mudanças no analisando costumam ser muito graduais, e grandes alterações devem nos fazer suspeitar de que a sugestão, e não a análise propriamente dita, provocou a mágica transformação. Em que pese a linguagem teórica um pouco *out of date* de Strachey, há boas observações, como quando ele sugere que quando a transferência se torna concreta na presença de alguma moção pulsional, e a análise tende a degenerar em uma situação real, a atitude do analista, ou sua "ausência de comportamento" (STRACHEY, 1934, p. 16), permite ao analisando fazer a distinção "entre o objeto arcaico e o real". Supõe então que essa atitude do analista poderia ser qualificada como interpretação mutativa implícita. O interessante dessa proposta é alargar a eficácia da interpretação para o que não é dito pelo analista, para o que é só manejo, mas que sem dúvida é inseparável de uma interpretação do que está ocorrendo no campo transferencial e não deixa de veicular essa interpretação.

Boa parte dos escritos sobre a interpretação se ocupa de regras técnicas. Entretanto, estas têm alcance restrito porque se subordinam necessariamente a uma estratégia cujos parâmetros são estabelecidos pela interpretação em sentido mais amplo, ou seja, por uma teoria relativa à singularidade daquele encontro analítico, uma teoria daquele caso clínico e processo analítico. Como lembra Freud, a interpretação não deve ser praticada "como uma arte em si mesma" (FREUD, 1911, p. 94).

Esta mesma ideia encontramos em Lacan que, em seu escrito "A direção do tratamento" (1958/1998), submete tanto a estratégia quanto a tática do analista a determinada política. Esta não é universalizável, exceto em linhas muito gerais, já que cada analisando é um. Sabe-se que o mestre de Paris contribuiu, ao longo de seu ensino, com a discriminação de várias formas de interpretação, como o corte, o *nonsense*, a citação, o enigma e a equivocação. Embora a discriminação dessas diferentes formas de intervenção nos alerte para as sutilezas desses jogos significantes que têm lugar na análise, afinando nosso instrumental, ela não diz como intervir. Não se pode avaliar a interpretação a partir de noções normativas, uma vez que o importante é o que ocorre entre analista e analisando. Seja na forma de enigma, citação ou equívoco, o analista usa esses jogos onde convenha a seu fim.

Saindo da visão mais restrita de interpretação como intervenção do analista, podemos considerar que a interpretação permeia todo o processo analítico; não operamos sobre fatos, mas sobre interpretações. O sonho já é uma interpretação, assim como todo o material de associações livres de que dispõe o psicanalista. Qualquer sinal do analista, que pode ser algo falado ou não, tanto veicula uma interpretação quanto suscita outra do analisando.

A limitação do campo da interpretação que vem ocorrendo, por um lado refere-se à estreita concepção da mesma como uma intervenção do analista falada, geralmente de ordem descritiva, que sempre carreia indesejável efeito de sugestão. Por essa razão, Lacan elogia a virtude alusiva da interpretação (direção), que não deve ser formulada como a afirmação de um saber. O saber, nela, "permanece em reserva" (SOLLER, 1984, p. 20).

A menção à interpretação implícita de Strachey já apontava nessa direção, de que não necessariamente a interpretação deve ser definida como algo dito para que tenha efeitos. A oposição entre fala e ato, além de algo ultrapassado pela perspectiva pragmática da linguagem, o é pelo ponto de vista de que a psicanálise é uma prática social, um discurso que se fundamenta na linguagem, mas a ela não se limita.

É preciso mencionar, entretanto, o trabalho de Jacques-Alain Miller em seu projeto de circunscrição de uma segunda clínica lacaniana, que considera os limites da interpretação analítica de uma forma mais radical: não em relação a seu estilo, como estávamos considerando até aqui, mas em seus laços com o simbólico. Miller identifica uma guinada no pensamento de Lacan que teria relações com as modificações atuais das condições de subjetivação. O predomínio do simbólico e da interpretação como instrumento do analista, na primeira clínica, teria cedido lugar a uma precedência do Real, que é na verdade a pulsão em sua natureza de furo na linguagem. Vale esclarecer que Lacan afirma taxativamente, no *Seminário 23* (1975-1976/2006), que o que chama de Real é uma retomada da energética freudiana, o próprio campo do que Freud chamava o pulsional.

Assim, se o complexo de Édipo foi para Freud o operador central no entendimento das neuroses, o foi também para Lacan. Em sua proposta do inconsciente estruturado como uma linguagem, este autor refraseou o mote freudiano, dentro de seu modelo linguístico, como metáfora paterna e sujeição ao significante do Nome do Pai, mas se manteve fiel, em linhas gerais, ao papel estruturante dos complexos de Édipo e castração na estruturação da subjetividade. A partir do *Seminário 20*, entretanto, do ponto de vista de Miller, adota uma nova orientação dentro da qual o traumático não é mais o Pai, mas a linguagem. A solução que o analisando encontra para sua vida não é mais uma posição em relação à função paterna, mas o sinthoma: aquilo que caracteriza a singularidade de sua forma de gozar e com a qual o processo da análise o levará a se identificar (FORBES, 2010). O Nome do Pai passa a ser encarado como um sinthoma entre outros possíveis, que são saídas que cada um inventa de seu jeito.

Essa mudança de ênfase do simbólico para o real que teve como consequência o esvaziamento do papel da interpretação ocorreu, historicamente, a partir de três encontros entre os analistas millerianos – as conversações de Angers (1996), Arcachon (1997) e Antibes (1998), que levaram à proposição de um novo paradigma na classificação do sofrimento psíquico.

A clínica estrutural classificava os sintomas e as fantasias, de forma descontinuista, em três grandes grupos – neuroses, perversões e psicoses –, conforme sua posição em relação ao pai e à angústia de castração, tomando como operadores estruturais, respectivamente, o recalque e a recusa (*Verleugnung*) ou rejeição (*Verwerfung*). A nova proposta passa então a considerar os sintomas de um ponto de vista continuista, já que os casos tidos como inclassificáveis dentro do antigo modelo se mostraram muito menos raros e mais generalizados do que se pensou inicialmente. Essa descoberta propiciou o início da investigação sobre as chamadas psicoses ordinárias, psicoses que não constituiriam algum novo quadro clínico, mas que seriam efetivamente psicoses, embora não desencadeadas. A ideia da psicose ordinária, como boa representante da subjetividade contemporânea nesses tempos em que o Outro não existe, implica uma restrição importante à interpretação psicanalítica.

Na história da psicanálise, a limitação mais importante à eficácia da interpretação psicanalítica foi identificada exatamente na difícil acessibilidade do psicótico ao tratamento psicanalítico. Sabemos que Freud deixou de lado o propósito de tratar psicanaliticamente os casos de psicose por considerar que sua análise não seria possível, já que não se estabeleceria uma transferência nos mesmos moldes da que se apresenta nas neuroses. Embora em seu importante trabalho sobre o narcisismo ele afirme que não há transferência na psicose (FREUD, 1914), se tomarmos o conjunto de seus trabalhos sobre o assunto essa afirmativa tem que ser muito matizada.

Embora exigindo manejo diverso, o laço transferencial também está presente na psicose, e Freud o reconhece no caso Schreber, tomando o papel que Flechsig assume como perseguidor e personagem central no delírio do "doente de nervos" como resultante de uma transferência do complexo paterno. Só com a estabilização promovida pelo delírio de ser a mulher de Deus é que essa transferência ao antigo médico passará a fazer menos barulho.

Há transferência, portanto, e só não pode ser algo da mesma ordem do que ocorre na neurose pelo fato de que na psicose não há diferença entre palavras e coisas: as palavras são tratadas como coisas, e a dimensão metafórica da transferência se apaga.

No seu importante trabalho metapsicológico "O inconsciente", Freud (1915) aborda a psicose utilizando ilustrações clínicas e mesmo elaborações teóricas que aprendeu com Tausk, tal como a expressão "linguagem dos órgãos". Apesar da antipatia que lhe devotava Freud, Tausk foi uma das mais importantes influências na elaboração de suas contribuições para a teoria psicanalítica da psicose, inclusive tendo lhe fornecido suas observações clínicas sobre uma jovem esquizofrênica que Freud explora no texto metapsicológico. A moça, que chegou à clínica após desentendimento com o amante, se queixava de que seus olhos estavam torcidos "Augenverdreher", termo que tem em alemão o sentido figurado de "hipócrita". Em seguida passa a criticar seu amante hipócrita, que lhe torcera os olhos. Aqui se apresentam para Freud tanto uma forma hipocondríaca de expressão, em que sensações corporais substituem palavras, quanto o fato de que logo em seguida a jovem pôde falar coerentemente daquilo que na neurose estaria inconsciente, mostrando que o recalque não opera na psicose como o faz na neurose.

O mais conhecido e precioso artigo de Tausk foi aquele sobre a máquina de influenciar (TAUSK, 1919), o último de sua lavra e que só foi traduzido para o português por iniciativa de Joel Birman. Como se sabe, esse artigo descreve uma forma de delírio muito comum na esquizofrenia: uma máquina exerce influência hostil e controla inexoravelmente os pensamentos e ações de sua vítima. Tausk descreve os efeitos da geringonça, composta de botões, alavancas, baterias, fios e arruelas, da seguinte forma: ela apresenta imagens que o paciente vê; produz nele pensamentos e sentimentos por meio de correntes elétricas ou quaisquer forças obscuras, assim como também pode lhe arrebatar pensamentos e sentimentos. Além disso, lhe causa sensações e fenômenos motores, como ereções ou coceiras, ou incômodos problemas orgânicos – abscessos, dermatites, etc.

O operador da máquina muitas vezes é um médico por quem o sujeito foi tratado anteriormente. Tipicamente é alguém do sexo masculino, sempre um inimigo cujo único propósito é torturar o paciente. O desdobramento típico do delírio é que inicialmente surgem sentimentos de transformação e de "alienação" em que o sujeito começa a sentir-se estranho a si mesmo. Mais tarde é que essas experiências serão, a título de explicação, atribuídas à sugestão ou ação telepática de um estranho. Finalmente, as ideias de influência e perseguição resultam na aparição da máquina de influenciar.

Tausk levanta a possibilidade de que o delírio de influência possa ocorrer em pacientes de outros grupos mórbidos que não a esquizofrenia, tanto neuroses quanto psicoses, embora esses efeitos se deem parcialmente de forma inconsciente e sem a construção de uma máquina. Seguindo a intuição freudiana de que máquinas complicadas nos sonhos podem simbolizar os órgãos genitais do sonhador, o psicanalista sugere que a máquina de influenciar seria uma representação desses órgãos projetada para o exterior, o que se confirmaria com o fato de que, com grande frequência, ela provoca em sua vítima sensações de cunho sexual como ereções e poluções. Essa explicação de que a máquina é uma projeção do corpo do paciente como defesa contra a regressão narcísica é complementada pela ideia de que todas as máquinas criadas pelo engenho humano são projeções inconscientes da estrutura corporal do próprio homem. Mas não é essa a explicação que me interessa, pois há outra que se pode depreender do texto, embora esparsa e fundada em breves comentários – é a de que essa máquina é feita de linguagem. Efetivamente, a máquina que conhece e controla os pensamentos é uma excelente imagem da linguagem, essa linguagem como sistema que a ciência da linguagem nos apresentou, e de uma etapa do processo por que passamos de nela sermos inseminados e, no melhor dos casos, dela nos apossarmos.

A ideia de que outros podem conhecer os pensamentos do sujeito, comum na esquizofrenia, tem antecedentes na infância, já que a criança manifesta ter, em relação aos pais, essa mesma convicção. Tausk, antes mesmo de Winnicott e de Aulagnier, irá valorizar positivamente, no artigo que comentamos, as mentiras da criança pequena e o desejo, de que esta dá mostras, de guardar seus segredos. São momentos fundamentais na formação do seu eu, que se constitui em uma reação ao mundo externo.

Ele irá observar, por exemplo, que o delírio do esquizofrênico de que pensamentos lhe são induzidos por outrem se baseia na incapacidade infantil de fazer qualquer coisa por própria conta e no fato de que foi dos adultos que a criança recebeu não só a linguagem como seu pensamento (TAUSK, 1919/1977, op. cit., p. 199).

Segundo Gori, na discussão do artigo de Tausk sobre a máquina de influenciar na esquizofrenia, Freud reconheceu que o delírio da máquina corresponde à "alucinação de uma experiência infantil originária, no decorrer da qual, literalmente, o outro, pela fala, 'faz para a criança seus pensamentos'" (GORI, 1998, p. 89). O delírio mostra como o recalque não foi sólido o bastante para silenciar esse Outro.

A insuficiência do recalque, que se reflete na confusão entre palavras e coisas, ou no "inconsciente a céu aberto", na feliz expressão de Lacan, que caracteriza a psicose, ocasionaria esse tipo de delírio e alucinação em que a invasão do espaço subjetivo pela fala alheia é um terror constante. Qualquer tentativa de interpretação, como se faz na neurose, é na psicose algo que ameaça e pode provocar um desencadeamento pela via de um delírio transferencial paranoide, delírio que funcionaria mais como defesa contra o surto psicótico do que contra a pulsão homossexual, como formulou Freud.

Aqui é necessário muito cuidado e parcimônia em interpretar, já que esses psicóticos, que Lacan mencionava como de tipo paranoico, acreditam no Outro completo. Há, possivelmente, como observa Soller, psicoses em que o Outro não tem peso e a interpretação, se formulada, possivelmente cairia no vazio (SOLLER, 1995). Mas nessas psicoses não haveria uma demanda de psicanálise, e talvez seja a elas que se aplique a advertência freudiana sobre a impossibilidade do estabelecimento da transferência.

Referências bibliográficas

AGUILLAUME, R. "Interpretation and method". *International Forum of Psychoanalysis*, 16, p. 240-246, 2007.

FORBES, J. "Inconsciente e responsabilidade". Tese de Doutorado aprovada em 17/09/2010 no Programa de Pós-Graduação em Teoria Psicanalítica da UFRJ, 2010.

FREUD, S. (1911) "The handling of dream interpretation in Psychoanalysis". *The standard edition of the complete psychological works of Sigmund Freud*, v. XII. London: The Hogarth Press, 1975.

————. (1913) "On the beginning of treatment". *The standard edition of the complete psychological works of Sigmund Freud*, v. XII. London: The Hogarth Press, 1975.

————. (1914) "On narcissism: an introduction". *The standard edition of the complete psychological works of Sigmund Freud*, v. XIV. London: The Hogarth Press, 1975.

————. (1915) "The Unconscious". *The standard edition of the complete psychological works of Sigmund Freud*, v. XIV. London: The Hogarth Press, 1975.

————. (1937) "Constructions in analysis". *The standard edition of the complete psychological works of Sigmund Freud*, v. XXIII. London: The Hogarth Press, 1975.

GORI, R. *A prova pela fala*. São Paulo: Escuta, 1998.

LACAN J. (1958) "A direção do tratamento e os princípios de seu poder". In: *Escritos*. Rio de Janeiro: Jorge Zahar, 1998.

————. (1975-1976) *El Seminario 23: el Sinthome*. Buenos Aires: Paidos, 2006.

SOLLER C. "Sobre la interpretación". In: *Ato e interpretación*. Buenos Aires: Manantial, 1984.

————. "Interpretação: as respostas do analista". *Opção Lacaniana*, São Paulo, n. 13, 1995.

STRACHEY, J. "The nature of the therapeutic action of psycho-analysis". *International Journal of Psycho-Analysis*, 15, 127-159, 1934.

TAUSK, V. (1919) "Acerca de la génesis del aparato de influir en el curso de la esquizofrenía". In: *Trabajos psicoanalíticos*. Barcelona: Granica Editor, 1977.

LIMITES DO TRABALHO PSICANALÍTICO COM O AUTISMO: DA EXTRAÇÃO DO EXCEDENTE DE GOZO À CONSTITUIÇÃO DA IMAGEM DO CORPO

Suzana Faleiro Barroso
Ana Beatriz Freire

INTRODUÇÃO

A partir do título que nos reúne nesta coletânea, *Limites da clínica. Clínica dos limites* e, particularmente, do título que nos foi proposto, "Limites do trabalho psicanalítico com o autismo", fomos convocados a pensar o que seria essa noção de limite para nós psicanalistas. Limite nos faz primeiramente associar ao que Freud nomeou como "além do princípio de prazer", a própria imanência da alteridade que nos constitui, a outra cena, como diria Freud, ou mesmo o que escapa a qualquer representação. Limite aponta, portanto, a própria noção de mal-estar imanente e constituidor de todo ser falante. "*Todo* indivíduo tem, com toda probabilidade, um limite além do qual seu aparelho mental falha em sua função de dominar as quantidades de excitação que precisam ser eliminadas" (FREUD, 1926/1976, p. 172).

A rigor, a psicanálise se fundou no limite que escapava ao saber científico da época. A histérica apontou para Freud um saber não sabido que lhe escapou e ainda atualmente nos escapa. O saber psicanalítico apontou para um além do saber referencial, primeiramente com o conceito de fantasia (realidade psíquica) em oposição à realidade material e, por fim, pela própria constatação de que a realidade psíquica é, ela mesma, limítrofe, como a pulsão, dividida entre o que pode ser articulado, seus representantes representativos, e o que nos afeta sem regulação, isto é, um excedente de satisfação, "excedente sexual" (disse Freud em 1896/1976, p. 312) ou o que Lacan denominou gozo. Se, portanto, imanentemente a psicanálise se constitui pelo seu limite e, consequentemente, só há psicanálise quando se coloca o tratamento em torno do impossível da própria constituição, da estrutura do ser falante (e não da impotência, do que a partir da falha se acredita poder tamponar, consertar), pensamos que é problemática a nomeação "clínica dos limites". Esse termo "clínica dos limites" pressupõe uma clínica especificamente dos limites, como se houvesse uma, por oposição àquela específica (dos limites) que não o fosse, que não tocasse e não se guiasse pelo impossível, pelo que escapa, pelo real: impossível adequação entre o que se procura e o que se encontra, entre o sujeito e o outro, entre o sujeito e o objeto e, sobretudo, entre o eu e o mim, ou entre a nossa própria casa, de um lado, e, de outro, o que nos descentra como senhores desta, qual seja, a alteridade do em si, isto é, o real.

Guiados, portanto, pelo impossível como limite, abordaremos a direção de tratamento psicanalítico do autismo, em particular refletiremos acerca do privilégio que se destaca nesse tratamento ao corpo, como limite impossível e constituidor do sujeito em tratamento.

Para refletir sobre esta questão temos como referência a teoria lacaniana do estágio do espelho. Mais particularmente este artigo privilegiará a função do dispositivo dos espelhos na constituição do corpo, isto é, o papel do espelho plano e do espelho côncavo na formação de uma unidade corporal. A justificativa maior para este estudo é a hipótese de que há prevalência dos problemas de estruturação corporal nas crianças psicóticas devido ao não funcionamento do conjunto do dispositivo especular, impedindo o acesso dessa criança à imagem corporal. A falta desta imagem pode ser um dos fatores responsável pelos diversos constrangimentos e impasses no plano da educação, da socialização e da escolarização das crianças psicóticas, sobretudo daquelas que sofrem do autismo e da esquizofrenia.

Em *O Seminário, livro 1*: *os escritos técnicos de Freud* (LACAN, 1953-1954/1983), encontramos a particularidade do imaginário nas psicoses da criança por meio de discussão de casos e teorias. O que está em jogo neste debate não é a dissolução imaginária típica do clássico desencadeamento da psicose, nem tampouco a restauração do imaginário obtida pela construção delirante. De fato, ao discutir o déficit do imaginário encontrado nas crianças psicóticas, a exemplo dos casos *Dick* e *Robert*, que são colocados em série na tópica do imaginário, Lacan antecipa o que mais tarde conheceremos como os impasses da amarração e des-amarração do nó a partir do estudo do ego de *Joyce*. Vamos também discutir os fragmentos do caso de um menino autista cujo trabalho em análise lhe confere consistência corporal – não sem a extração do excedente de gozo.

A PREFERÊNCIA PELA IMAGEM NO SER FALANTE

Não é por acaso que o ser falante é tão suscetível à influência das imagens, a tal ponto de não poder prescindir delas senão permanecendo numa condição devastadora para o eu e para a consciência. As imagens têm importância para o ser humano desde muito cedo, antes mesmo que ele comece a falar. O sentido pleno do termo imagem em psicanálise nos reenvia à relação do sujeito com as identificações formadoras do eu. O que é próprio da imagem é o investimento pela libido por meio do qual um objeto se torna desejável. A identificação é, propriamente, a transformação produzida no sujeito quando ele assume uma imagem. O acesso a uma imagem implica a identificação no duplo sentido do termo, isto é, o de reconhecer sua própria forma e o de assimilar o que reconhece. Não somente a identificação fundamental do eu supõe a relação com a imagem, mas também o processo de inserção e reconhecimento do sujeito nos laços sociais.

Freud problematizou a relação do ser humano com sua imagem por meio da teoria do narcisismo na qual encontramos, inicialmente, uma concepção energética da libido, uma elaboração da economia libidinal, isto é, do movimento de investimentos e desinvestimentos da libido nos objetos. Quando a libido investe o próprio ego, o sujeito toma a si próprio como objeto de amor, isto é, o amor pela imagem de si mesmo, cujo modelo é o mito de Narciso. O artigo "Sobre o narcisismo: uma introdução" (FREUD, 1914/1976) descreve os fundamentos da subjetividade infantil por meio da unificação da dispersão pulsional do autoerotismo obtida pelo eu, com consequente domínio do corpo e do outro. Trata-se de uma concepção do corpo como superfície. Freud afirma que "o ego é, primeiro e acima de tudo, um ego corporal; não é simplesmente uma entidade de superfície, mas é ele próprio a projeção de uma superfície" (Id., 1923/1976, p. 40).

Lacan releu a concepção freudiana do narcisismo e progressivamente desenvolveu uma abordagem estrutural do estágio do espelho que se pauta mais na causalidade significante determinante da relação do eu com suas imagens e menos na causalidade biológica. A teoria do estádio do espelho (LACAN, 1949/1998), apresentada inicialmente em 1949, designa o processo de formação do eu através da identificação do sujeito *infans* com a própria imagem especular, com a *gestalt* visual de seu corpo. Mais do que projetar-se em uma imagem, o ser falante é constituído por ela. A própria realidade implica a constituição do imaginário que atua na formação das fantasias e dos sintomas.

A imagem do corpo é o que confere ao eu a sua primeira forma e lhe permite situar-se do ponto de vista da alteridade, distinguindo o que é do eu do que não o é. Partindo da referência do imaginário, a primeira subjetivação é, portanto, a da forma do corpo, subjetivação esta que está na origem do primeiro símbolo do sujeito, isto é, a imagem do eu. O eu humano é o outro, e o sujeito encontra-se, de início, mais próximo da forma do outro do que de suas próprias tendências. O sujeito humano desejante se constitui em torno de um centro que é o outro uma vez que este lhe dá a sua unidade, e o primeiro acesso que tem ao objeto é ao objeto como objeto do desejo do outro. "Ele é originariamente coleção incoerente de desejos – aí está o verdadeiro sentido da expressão corpo despedaçado – e a primeira síntese do ego é assencialmente *alter ego*, ela é alienada" (LACAN, 1955-1956/1985, p. 50).

O sujeito se vê no outro e seu eu se constitui à imagem e semelhança do outro, processo no qual se evidencia a função da imagem na constituição e manutenção dos laços sociais. A constituição dessa identificação significa uma "encruzilhada estrutural" (LACAN, 1949/1998, op. cit.) e desde então é que o ser falante fica cativo da imagem.

O CONJUNTO DO DISPOSITIVO DOS ESPELHOS ATUANTE NA CONSTITUIÇÃO DO CORPO

Para elaborar a teoria do estágio do espelho, ao buscar compreender a formação das imagens que compõem o eu, Lacan recorreu à física, mais precisamente ao esquema ótico[1].

---

1 Esquema da formação das imagens no conjunto do dispositivo especular, a imagem real obtida pela ação do espelho côncavo e a imagem virtual obtida pela ação do espelho plano (LACAN, 1960/1988, p. 680-681).

O conjunto do dispositivo especular contém, primeiramente, o espelho côncavo e, em seguida, o espelho plano, que correspondem respectivamente às imagens reais e às imagens virtuais e implicam uma topologia da subjetividade designada como topologia de superfície.

Lacan descreveu a formação da imagem real e da imagem virtual, uma vez que cada uma delas opera, respectivamente, na base da formação da imagem do próprio corpo e da imagem do corpo do Outro. A imagem do próprio corpo é a imagem especular, a matriz do eu, que implica a ideia de si mesmo como corpo. A imagem do corpo do Outro é aquela cuja especificidade é apresentar ao sujeito uma falta, a castração, através do encontro do sujeito com o que não é especularizável, um buraco na imagem – encontro que se refere, essencialmente, à diferença de sexos.

A imagem do corpo é a imagem real projetada na realidade pela ação do espelho côncavo. Representa um eu primitivo que precisa se diferenciar do mundo exterior. Nesse momento, a imagem é mediadora entre o externo e o interno para que o interno seja vivido como próprio. Para o *infans*, a simples visão da forma total do corpo humano pode lhe dar um primeiro domínio imaginário de seu corpo, prematuro em relação ao domínio real, mas crucial para a constituição de um corpo. A imagem do corpo é como o vaso imaginário que contém o buquê de flores real. A caixa presente no esquema representa o corpo, e o buquê representa as pulsões. A imagem real, i(a), é homóloga ao narcisismo primário, uma vez que organiza o conjunto das pulsões em uma forma. O olho posicionado no esquema é o símbolo do sujeito e demonstra que a intrincação do mundo imaginário e do mundo real depende da situação do sujeito, caracterizada essencialmente por seu lugar no mundo simbólico.

A imagem do outro, i'(a), corresponde ao narcisismo secundário cujo modelo fundamental é a relação ao outro, que tem valor cativante para o eu. A imagem real pode ser vista no estado de imagem virtual no espelho, dependendo da posição do sujeito em relação à sua imagem real. Para isso a incidência do espelho plano é decisiva, pois introduz a dimensão simbólica no imaginário. O espelho côncavo fornece a imagem i(a), armadura corporal pacificadora, porque dá forma às pulsões. No entanto, esta imagem deverá ser reconhecida pelo olhar de um representante do Outro na sua dimensão simbólica. A imagem real, i(a), isto é, o que se vê do corpo próprio ou continente narcísico primário, é uma imagem marcada pelo desconhecimento. É pela intervenção do espelho do Outro, no nível do espelho plano, que a imagem real ganha o estatuto de imagem virtual, do narcisismo secundário. Dito de outro modo, temos que o ideal do eu representa o eu ideal, imagem na qual o eu se reconhece, visto que sua imagem real é marcada pelo desconhecimento.

O acento colocado sobre o objeto como lastro da imagem e de caráter não especularizável na década de sessenta permite retomar o estágio do espelho, desta vez para destacar a imagem especular i'(a)[2] tendo a função de vestimenta do objeto real. É o olhar que introduz a discordância subjetiva, visto que implica o impossível de saber sobre o que se é como objeto do olhar do Outro. A função da imagem especular é velar o olhar a partir do seu enquadramento pelo cenário da fantasia, desde que este objeto seja extraído do campo do Outro pela operação de castração.

ACERCA DAS PATOLOGIAS DA IMAGEM NA PSICOSE INFANTIL

Na psicose, devido à rejeição da função paterna ou, em termos lacanianos, da forclusão do Nome do pai, o objeto não especularizável que dá consistência à imagem corporal não se inscreve como perdido, e o Outro não se institui como alteridade. O gozo excedente invade o que seria o enquadramento imaginário da realidade. Disso decorre uma série de problemas na constituição da imagem corporal, do eu, do eu ideal e do ideal do eu. Na opinião de Laurent (1999) trata-se dos "problemas de superfície en la psicosis y en el autismo", descritos como fenômenos encontrados na aurora da introdução do sujeito no simbólico. Desde Freud os fenômenos da superfície estão correlacionados ao eu definido como a projeção de uma superfície. Eles foram abordados também por Melanie Klein e seus seguidores – sobretudo Meltzer, por meio das contradições da dialética continente/conteúdo construída a partir das relações objetais.

Orientando-se pelo conjunto do dispositivo dos espelhos, Laurent fez uma releitura de dois casos de crianças psicóticas, *Dick* de Melanie Klein

---

2 Matema da imagem real escrito no esquema ótico (LACAN,1960/1998, op. cit., p. 681).

e *Robert* de Rosine Lefort, discutindo em cada um deles os fenômenos de superfície, que constituem verdadeiras patologias da imagem na psicose. Encontramos nestes casos o avesso da estrutura narcísica. O excesso de gozo característico dos fenômenos corporais na psicose, que impede a constituição do corpo como superfície de inscrição significante, decorre do fato de que o objeto *a* não opera como perdido. Como já foi dito antes, é esta perda que ordena a estrutura do corpo e promove seu revestimento pela imagem libidinizada, i(a), a imagem do pequeno outro.

Vejamos apenas o problema de Dick, cujo acesso à imagem real foi impossível, com o espelho. Por não haver para Dick a conjunção entre a forma imaginária e real dos objetos, Lacan o considerou um sujeito inconstituído ao comentar o caso em 1954. Dick recebera o diagnóstico de demência precoce questionado por Melanie Klein, devido à ausência de regressão no desenvolvimento e da rara presença, segundo ela, de demência precoce na primeira infância. Apesar de apático e indiferente, ele não dava a impressão de idiota, além de não apresentar nenhum traço típico da neurose infantil já observado por ela anteriormente. Ele foi descrito como uma criança

> que não tinha quase interesses, não brincava e não tinha contato com seu meio ambiente. Na maior parte do tempo, articulava sons ininteligíveis e repetia constantemente certos ruídos. [...] Além disso, quando se machucava, mostrava forte insensibilidade à dor e nada sentia do desejo, comum em crianças pequenas, de ser consolado e mimado. [...] A expressão de seus olhos e de seu rosto era fixa, ausente e de desinteresse (KLEIN,1930/1981, p. 299).

Partindo, porém, do problema de inibição do desenvolvimento, mais do que da regressão, M. Klein optou pelo diagnóstico de psicose para Dick. Segundo Klein, ele havia paralisado a atividade fantasística por não poder suportar a relação sádica com o corpo da mãe, bloqueando, por conseguinte, a atividade simbólica. “Sua falta de interesse pelo ambiente e as dificuldades para estabelecer um contato com sua mente eram, tão só, o resultado de sua falta de relação simbólica com as coisas” (KLEIN, 1930/1981, op. cit., p. 303).

O rompimento das relações objetais, seguido da detenção da fantasia, se devia à saída encontrada pelo sujeito: refugiar-se no corpo escuro e vazio da mãe (Id., ibid.). Não somente os objetos externos, da realidade, mas também os produtos do próprio corpo (fezes, urina) passaram a representar aquilo que teria sido atacado por ele e se tornado, por isso mesmo, objetos ameaçadores. Para a analista de Dick, o tratamento consistirá em dotar a criança da capacidade simbólica, dando-lhe condições de nomear seus impulsos sádicos, que passam a ser projetados ao mundo exterior. Deste modo, ela lhe dirá, por exemplo, quando Dick se interessa por um trenzinho e o leva até a janela dizendo "estação", que ele seria o trenzinho entrando na estação-mamãe, o que promove a união entre o imaginário e o simbólico. Em seguida, complementa dizendo que ele estaria dentro do escuro do corpo da mãe quando a criança profere a palavra "escuro" ao se esconder no vestíbulo do consultório.

Para Laurent (1999, op. cit.), a aplicação do modelo ótico ao movimento da cura de Dick formaliza a constituição e evolução do imaginário do menino em suas articulações ao simbólico e ao real. Assim, o quarto escuro para onde a criança levava os objetos na sessões, equivalente ao continente materno, corresponderia no dispositivo dos espelhos ao vaso ou lugar que contém os objetos, as flores. O vaso vazio se produz quando se inscreve a ausência da analista. A importância soberana deste lugar escuro e vazio para o caso implica seu caráter de objeto avesso ao espelho, ou seja, diferente das imagens que se refletem no espelho e que, portanto, suportam a estruturação da imagem corporal, i(a). Ao circunscrever este ponto invisível no espelho pode-se obter a consistência da imagem corporal e a conjunção entre o real e o imaginário.

Podemos também acompanhar no caso a passagem das relações do espelho côncavo ao espelho plano, por meio da introdução do corpo do Outro em sua dimensão de espelho plano. Trata-se do apelo de Dick, quando na terceira sessão chama por sua analista, mediante a irrupção de sua angústia ao se colocar detrás da cômoda. O chamado de Dick implica a relação do menino com a imagem do corpo no plano imaginário e não real.

Laurent (1999, op. cit.) comparou a contribuição de M. Klein e de Lacan quanto à abordagem dos problemas do corpo a partir do tratamento de Dick. Enquanto o analista kleiniano se faz de continente para o seu analisante, continente que contém os objetos de seu desejo, o analista lacaniano deveria se fazer de continente negativo, isto é, sustentar que o Outro só pode ser continente se o for em relação ao vazio relativo à falta do objeto do desejo. A potência deste vazio é, pois, o que causa a estruturação da imagem corporal.

Por se constituir fora do campo do desejo do Outro, o esquizofrênico não se vê no espelho através do ponto simbólico situado fora da imagem, suporte de uma identificação simbólica ao ideal do eu. Consequentemente, seu eu não é coordenado por uma identificação organizadora e, sendo assim, evoca o que Lacan chamou de imago do corpo despedaçado. Um dos problemas do sujeito esquizofrênico com o corpo, decorrente do fato de estar fora do laço social, é não poder recorrer a um discurso estabelecido que o oriente na relação com seu corpo, fornecendo-lhe imagens norteadoras do que fazer com o corpo. Quando uma criança se socializa e entra no discurso, ela aprende muito cedo a norma civilizatória que regula a sua relação com o corpo, ao internalizar a lei do pai, as regras do convívio social, através da própria educação. Porém, quando isso não ocorre, o corpo torna-se para o sujeito um problema, e ele o experiencia como algo cujas partes não fazem um todo e se dispersam numa fragmentação devastadora para o eu.

A extração do excedente de gozo no corpo no caso Antônio, o menino da *big ball*

Antônio é um menino de oito anos de idade que nos procurou com o diagnóstico de autista e que denominaremos "o menino da *big ball*" – pelo trabalho de extração do excesso pulsional, de gozo, em torno de um objeto inventado e construído que batizou, no próprio tratamento, de "big ball". Esta criança, cujo trabalho de extração do excedente de gozo no corpo começou ao esburacar o braço da cadeira da analista, deixando os fragmentos caídos no chão, mostra como o inscrever um furo no campo do Outro é a condição de uma resposta do sujeito para além da posição objetalizada que a estrutura lhe confere. O gozo em excesso se manifestava numa mortificação quase catatônica e na evitação do Outro invasor, sobretudo do olhar.

Dos problemas de Antônio com o corpo temos notícias datadas dos primeiros meses de vida, segundo as palavras de sua mãe. Ele não suportava o contato com o corpo do Outro. Sua mãe não conseguia sequer enxugá-lo depois do banho, pois ele não permitia ser tocado, reagindo com grande tensionamento do corpo. Para o discurso médico tratava-se de hipersensibilidade tátil, com prognóstico de normalização mediante o amadurecimento neurológico. Para a psicanálise este fenômeno de corpo tão no início da vida pode evocar no *a posteriori* da reconstrução do caso um índice da forclusão da relação ao Outro. Consideramos esse acontecimento como indicador do fracasso do banho de linguagem e da ação específica do Outro na entrada do sujeito na existência.

Apesar de não encontrarmos índices do desencadeamento clássico da psicose no caso de Antônio, havia queixas quanto à sua tendência a isolar-se e a desligar-se da realidade. Dos quatro aos oito anos de idade, ele viveu praticamente monitorado por um conjunto de terapêuticas: 1) fisioterapia para tratar das dificuldades de coordenação motora e das deficiências na sensibilidade tátil e perceptiva; 2) medicação para seu problema de atenção; 3) psicologia cognitiva comportamental para seus problemas de adaptação. Todo este aparato foi mobilizado pelos pais, sobretudo visando à adaptação da criança à escolaridade padrão. Porém, aos oito anos de idade, quando a analista o recebeu no consultório, a inserção de Antônio na escolarização era perturbada pelos seus desligamentos da realidade, pela dificuldade de se concentrar, pela precariedade da coordenação motora, especialmente ao escrever e fazer cópias. Apesar disso, demonstrava inteligência acima da média e um especial interesse pelos cálculos matemáticos. Em casa ele permanecia muito isolado, razão pela qual sua mãe nomeava-o de "introspecto".

Nas sessões, em sequência ao ato de esburacar o braço da cadeira da analista, que deu início a um endereçamento ao Outro, Antônio vai "criar alguma coisa" com massa plástica, deixando-a na estante do consultório no intervalo de suas sessões, batizando-a depois de "Snif e Snuf", um irmãozinho do outro, tendo o segundo nascido na mesma data que ele, Antônio. E diz: "quando cria alguma coisa que não é da natureza não tem vida própria, mas mesmo assim gosta dele". O buraco feito no olho do Snuf, associado ao jogo de se fazer ver, inaugurou o consentimento do olhar sob transferência, o que será ratificado no percurso do tratamento.

A operação do ser falante com os fragmentos de *lalíngua*[3], das primeiras representações dispersas e não articuladas que vêm como alteridade,

---

[3] Tradução adotada nos *Outros escritos* (Rio de Janeiro: J.Z.E, 2003) para o termo *lalangue*, criado por Lacan a partir da junção do artigo *la* ("a") com o substantivo *langue* ("língua").

viabilizou a desnaturalização do ser por meio de uma produção metonímica – "etezinhos com olhos, legumes com olhos, beterrabas com olhos, tomatinhos com olhos, abóboras com olhos e cabelinho, cenoura com olhos...". Isso confere ao sujeito um modo de localizar-se a partir do Outro da natureza, para além de uma relação exclusiva com o duplo, aqui definido como uma espécie de identificação ao pequeno outro no espelho, porém sem a mediação do Outro do simbólico. Por exemplo, temos a relação do menino com o irmão mais velho e com um vizinho cujo nome é Antônio Marcos. A criação de Antônio o localiza em relação ao Desejo da mãe por meio de recursos distintos daqueles que seriam promovidos pela metáfora paterna e pelo acesso à significação fálica, a saber, os recursos de caráter metafórico.

A extração do excedente de gozo resultou noutro passo no tratamento, a invenção de um objeto condensador do gozo fora do corpo, a saber, uma *big ball* fabricada durante meses com massa plástica colorida. Este objeto suplementar, a *big ball*, funcionou como um órgão intermediário entre o sujeito e seu corpo, sua casa e o consultório, entre uma sessão e outra, entre o sujeito e o Outro. Depois de fabricar as bolinhas, Antônio brincava de fazê-las deslizar e escorregar sobre partes do seu corpo, a saber, o tronco, os braços, a barriga, acompanhando-as com os olhos, sorrindo. Falando então que amava as cores, e com evidente júbilo, produziu uma série de fórmulas referentes às misturas e descobertas de novas cores, sobre as quais demonstrou interesse e conhecimento. Em torno de seis meses após o início da fabricação das bolinhas, ele chegou para sua sessão de modo muito diferente, cumprimentando a analista, chamando-a pelo nome e mostrando seu pote de plástico contendo a grande bola formada pelas menores que havia levado pra casa nas sessões anteriores. E então disse à analista: "Você vai ver pela primeira vez eu misturando na bola grande. *Big ball*. É inglês. Estudo inglês no *Number one*".

Como se pode verificar, a *Big ball* permitiu um aparelhamento do gozo pulsional escópico em excesso, capturando esse objeto e restaurando a função escópica, o que trouxe efeitos terapêuticos significativos para a criança. Antônio passou a falar mais, melhorou sua atenção e coordenação motora, conseguiu fazer cópias nas aulas, produzir um volume maior de escrita, até então muito precária. Ganhou em mobilidade e autonomia. Hoje em dia, quatro anos após o início de sua análise, ele consegue ter inserção nas atividades sociais, participando animadamente, por exemplo, de uma programação de viagem com a turma do colégio.

O jogo de duas pessoas e a constituição imaginária do corpo

A demanda de um "jogo de duas pessoas" endereçada por Antônio à analista – "você tem aí um jogo de duas pessoas?" – introduziu uma série de sessões nas quais jogamos alternadamente diversos jogos escolhidos por ele: jogo da vida, jogo de varetas, jogo da forca, o brincar de estátua e de caça ao tesouro. Estes dois últimos jogos reinscrevem reiteradamente um a menos relativo ao olhar no campo transferencial com a obtenção de alguma consistência corporal.

O brincar de estátua pareceu-nos ter função particularmente importante na constituição de uma imagem do corpo. Antônio se deitava pedindo-me para ficar olhando para ele, para ver e nomear qual parte de seu corpo estaria se mexendo. Mexia os pés, as pernas, os dedos, as mãos... E foi introduzindo variações do tipo – "os olhos não contam, nem a barriga, para poder respirar", ou "menos a boca", ou "menos os órgãos respiratórios". No momento em que lhe comuniquei que não estava vendo nenhum movimento do seu corpo, ele disse: "esse é meu objetivo, mexer partes invisíveis". Na constituição do imaginário, como vimos antes, o que é invisível no espelho, seu ponto opaco, é o que confere a consistência necessária à formação da imagem. No caso de Antônio, a subtração imaginária do gozo implica seu modo de aparelhar a libido sem o recurso da castração, isto é, opera ali onde a função fálica normalmente operaria para sustentar o lugar do objeto perdido no âmago do dispositivo dos espelhos.

Nesse período, Antônio propôs também um jogo que fizera com o irmão, em que eu deveria adivinhar para onde ele estaria olhando. Segundo ele, uma vez teve dificuldades em adivinhar para onde o irmão estaria olhando, porque seu irmão teria respondido que olhava para as lentes dos próprios óculos. Os dois estavam próximos de uma linha de trem, um ao lado do outro, esperando a mãe. Ele insistia em mostrar-me como eu deveria ficar ao seu lado para dar certo a brincadeira, convocando-me no lugar de seu duplo. Após algumas tentativas, que certamente não corresponderam à sua expectativa, digo-lhe que isso era impossível. Logo depois Antônio fez uma construção, a saber, uma ficção sobre a transmissão familiar, porém fora da significação fálica, visto que não se trata de uma ficção edipiana sobre a transmissão da castração. Disse que usa óculos desde que era pequenininho. Sofre de astigmatismo e miopia. Tem 2,5 num olho e 3,5 no outro. Puxou a seu pai e sua mãe, eles também têm doença do olho. Pela primeira vez ele se referiu ao laço de pertencimento com os pais. A doença do olho transmitida por eles implica os efeitos dos significantes emaranhados de gozo que vêm como alteridade, *lalíngua*, sobre o corpo.

Caça tesouro tem sido o jogo privilegiado por Antônio, que ele repete insistentemente, ao que parece na tentativa de inscrever a perda do objeto que não houve. "Fecha os olhos", assim começam as sessões nas quais ele propõe: "vamos brincar de caça tesouro?". A caça ao tesouro consiste em cada um de nós esconder um objeto-tesouro para o outro procurar. O tesouro é sempre o cartão de visitante que ele recebe na portaria do prédio e que lhe dá acesso ao consultório. É preciso dizer que o significante "visitante" vem impresso no cartão de acesso ao interior do prédio e na primeira vez em que é utilizado o visitante é convidado a tirar uma foto para o arquivo de um programa no computador. Antônio diz gostar de ser visitante, porque sempre começa primeiro nos jogos. Essa brincadeira também segue uma série de variações, inclusive esconder o tesouro no bolso de sua roupa. Recentemente, ao achar que não conseguiria recuperar o objeto escondido, ele disse – "um quase tesouro perdido".

O brincar de caça ao tesouro já rendeu um desenho do navio pirata que parte do "porto de pérola negra" em busca do tesouro. O trajeto do navio é um circuito de ilhas – "ilha do vulcão, neblina, ilha da caveira, ilha da floresta, coral, ilha-casco-de-tartaruga" – até chegar à "ilha do tesouro". Uma organização homóloga a esta de um conjunto de ilhas foi por ele apresentada ao me mostrar uma coleção de livros da literatura infanto-juvenil – "Só arrepiando, Só pirando, Só chateando, Só loucura, Só zoando, Só nojeira". Apesar do percurso deste caso até então, que confere ao sujeito certa humanização, ele permanece na solidão da criança autista demonstrada nesta coleção de significantes sozinhos que não se articulam e que concernem à relação do autista e do esquizofrênico com a língua, questão ainda a ser investigada.

Como vimos, o conjunto do dispositivo dos espelhos é um modelo derivado da ótica e da perspectiva geometral que dá acesso aos conceitos de corpo, borda e furo em um espaço métrico. A introdução da topologia das superfícies na clínica com crianças psicóticas favoreceu a orientação reconhecida como extração do objeto (COCCOZ, 2001). Considerando que o gozo não se encontra separado do corpo na psicose, e que o sujeito pode chegar ao ponto de extraí-lo do corpo no real, ao se automutilar, por exemplo, é que se coloca a pertinência clínica da operação de extração (Id., ibid.). À medida que se obtém a extração de objeto, a fundação de uma negatividade abre a possibilidade para a metonímia psicótica, a exemplo do caso de Antônio.

Para Vilma Coccoz (Ibid.), a topologia dos nós orienta mais apropriadamente o analista na psicose infantil do que a topologia de superfície, o que requer ainda investigação para um próximo trabalho. As figuras topológicas derivadas da topologia das superfícies, a exemplo do toro e da banda de Moebius, são úteis para pensar a neurose. Graças à topologia dos nós temos o chamado nó de trevo, que não é borromeano, no qual há continuidade entre os três registros – simbólico, imaginário e real. A autora do texto "Consideraciones sobre el cuerpo y las psicosis infantiles" propõe então uma clínica do funcionamento do nó na qual o lugar do analista é permitir estabelecer os pontos de descontinuidade e de enlace entre o simbólico e o imaginário, entre o simbólico e o real e entre o real e o imaginário. Na junção do real e do imaginário o analista oferece seu corpo real e o lugar de objeto *a* para que a criança possa compor uma imagem do Outro e uma imagem de seu corpo. Na junção do simbólico e do imaginário a oferta de significações introduz o sentimento de vida e permite reconstruir a história do sujeito. Na junção do simbólico e do real, o analista opera do lugar de Outro barrado, porém nunca no lugar de Outro da demanda, que tem para a criança psicótica um valor de supereu avassalador e mortificante. Como Outro barrado cabe ao analista admitir os significantes novos que a criança inventa para, em suplência à função do falo não extraído, como no discurso compartilhado, encontrar uma ancoragem, no lugar de um significante unário, S_1, que permita como sujeito dialogar e encontrar um lugar no campo do Outro.

REFERÊNCIAS BIBLIOGRÁFICAS

BARROSO, S. F. "O uso da imagem pela mídia e sua repercussão na subjetividade contemporânea". *Cadernos de Psicologia*, v. 12, n. 19, p. 92-97. Belo Horizonte: PUC-Minas, 2006.

COCCOZ, V. "Consideraciones sobre el cuerpo y las psicosis infantiles". In: *El cuerpo en Psicoanálisis*, p. 98-117. Madrid: EIM, 2001.

FREUD, S. (1896) "Carta 45". *Edição standard brasileira das obras psicológicas completas de Sigmund Freud*, 3ª ed., v. I. Rio de Janeiro: Imago, 1976.

————. (1914) "Sobre o narcisismo: uma introdução". *Edição standard brasileira das obras psicológicas completas de Sigmund Freud*, 3ª ed., v. XIV. Rio de Janeiro: Imago, 1976.

————. (1923) "O ego e o id". *Edição standard brasileira das obras psicológicas completas de Sigmund Freud*, 3ª ed., v. XIX. Rio de Janeiro: Imago, 1976.

————. (1926) "Inibições, sintomas e ansiedade". *Edição standard brasileira das obras psicológicas completas de Sigmund Freud*, 3ª ed., v. XX. Rio de Janeiro: Imago, 1976.

KLEIN, M. (1930) "A importância da formação de símbolos no desenvolvimento do ego". In: *Contribuições à psicanálise*. São Paulo: Mestre Jou, 1981.

LACADÉE, P. "Ce qui fait discord". In: *L'enfant, le corps, le sujet dans le miroir de l'autre*. Toulouse: Presses Universitaires du Mirail, 1992.

LACAN, J. (1949) "O estádio do espelho como formador da função do eu". In: *Escritos*. Rio de Janeiro: Jorge Zahar, 1998.

————. (1953-1954) *O Seminário, livro 1: os escritos técnicos de Freud*. Versão Betty Milan. Texto estabelecido por Jacques Alain Miller. Rio de Janeiro: Jorge Zahar, 1983.

————. (1954-1955) *O Seminário, livro 2: o eu na teoria de Freud e na técnica da psicanálise*. Rio de Janeiro: Jorge Zahar, 1992.

————. (1955-1956) *O Seminário, livro 3: as psicoses*. Rio de Janeiro: Jorge Zahar, 1985.

————. (1960) "Observações sobre o relatório de Daniel Lagache". In: *Escritos*. Rio de Janeiro: Jorge Zahar, 1998.

————. (1962-1963) *O Seminário, livro 10: a angústia*. Rio de Janeiro: Jorge Zahar, 2005.

————. (1973) "O aturdito". In: *Outros escritos*. Rio de Janeiro: Jorge Zahar, 2003.

LAURENT, É. "Sobre algunos problemas de superficie en la psicosis y en el autismo". In: *Hay un fin de analisis para los niños*, p. 83-121. Buenos Aires: Coleccion Diva, 1999.

LEFORT, R. "Imagem e objeto separados ou confundidos?". In: MILLER, J. (org.). *A criança no discurso analítico*, p. 22-26. Rio de Janeiro, Zahar, 1991.

SOLER, C. (1999) "A esquizofrenia". In: QUINET, A (org.). *Psicanálise e psiquiatria*, p. 237-248. Rio de Janeiro: Rios Ambiciosos, 2001.

Limites na psicanálise extramuros

Andréa Reis
Marcus André Vieira

Introdução

Experiências como a do Digaí-Maré parecem propor um "ir além dos limites" tradicionais dos consultórios. Trabalhar com a psicanálise dentro de uma favela transmite a ideia de um ultrapassamento de fronteiras. A expressão "extramuros" assinalaria, assim, uma vitória sobre o autocentramento apolítico dos psicanalistas por um lado, e sobre as barreiras que dividem nossa cidade, por outro. Como sabemos, porém, que a cada limite desbravado outro sempre aparece, a luta seria sem fim. Ultrapassado o limite geográfico, outros apareceriam no horizonte: violência, gratuidade, necessidades básicas de sobrevivência etc. seriam os limites destes corajosos analistas.

É preciso partir de outro ponto de vista. Essa lógica idealista produz ex-combatentes, cansados de assistir ao surgimento de dois novos muros para cada um que cai, correspondentes de guerra, que trazem notícias para os "do lado de cá" de como anda o trabalho no *front*, e outras figuras mais – em que brilha o ativismo, mas nas quais parece empalidecer a psicanálise. Dada a experiência acumulada nestes cinco anos de trabalho do Digaí, parece-nos importante deixar de lado logo de saída a visão romântica ou militante do trabalho. Por isso o título desta mesa deve ser lido, a nosso ver, como um paradoxo vivo: em nossa experiência vivemos do início ao fim o paradoxo de uma ruptura de barreiras e, ao mesmo tempo, da presença intransponível delas. Nem tanto "Limites *da* psicanálise extramuros" e sim "limites *na* psicanálise extramuros", limites e extramuros, os dois ao mesmo tempo.

Não buscamos resolver o paradoxo distinguindo limites diferentes. É a própria ideia de limite que precisa ser abordada de outro modo. Se decidimos trabalhar em campos pouco explorados, foi menos para trazer uma psicanálise conhecida onde ela ainda não é conhecida e mais para aprender com ela. Até que ponto ela precisa contar com a cumplicidade que desfruta com os integrantes da classe média carioca, com a intimidade que um consultório privado institui e, finalmente, com um salário não garantido pelo Estado para quem se propõe a exercê-la? A psicanálise também oferece, para cada um que se engaja no tratamento, um além dos limites subjetivos. Ela não os ultrapassa, mas os desrealiza, ao menos em parte. Tornados mais leves, novos trabalhos parecem ser possíveis com eles. É com essa ideia que o Digaí trabalha.

Antes de tentar demonstrar, uma palavra sobre o funcionamento do Digaí.

Apresentação

O Digaí-Maré é um projeto de Psicanálise aplicada que se alinha à orientação política da *Associação Mundial de Psicanálise*. Esta orientação aponta para a ampliação do trabalho na cidade, como também se posiciona de outra maneira com relação a ela. Posição que é encarnada pelo tema proposto por Eric Laurent, o do "Analista Cidadão" (LAURENT, 1999), aquele que abandona uma postura separada do mundo e passa a se conectar, como analista, com a cidade, buscando novas formas de tornar a psicanálise sensível às diferentes formas de segregação.

Neste contexto, o Digaí-Maré se situa como um projeto que busca pensar sua inserção na cidade e as implicações dessa inserção. É um projeto formado por psicólogos clínicos, estagiários de graduação e supervisores e que oferece atendimento clínico orientado pelos princípios da psicanálise. Funciona desde janeiro de 2005 no bairro Maré e atualmente concentra o trabalho em sua sede na comunidade de Nova Holanda.

A *Redes de Desenvolvimento da Maré* (http://www.redesdamare.org.br) foi o nosso anfitrião, nos abriu as portas da comunidade e até hoje permanece como importante parceiro. O Digaí-Maré recebe alunos do curso de graduação em Psicologia da PUC-Rio para estágio extracurricular e constitui campo de investigação privilegiado para os alunos que fazem parte da pesquisa "Sintoma e Trauma", coordenada pelo professor Marcus André Vieira, um dos fundadores do projeto. Conta também com a parceria da

Escola Brasileira de Psicanálise (EBP), por meio da qual o Digaí obtém as diretrizes teórico-clínicas que sustentam sua prática. Mais recentemente, desde o início de 2008, o Digaí-Maré tornou-se uma das instituições que constituem a Ripcahd – Rede Interdisciplinar de Proteção à Criança e ao Adolescente com Histórico de Desescolarização – e a Rede Rotas, que trabalha com jovens inseridos em redes ilícitas. A partir dessas articulações, foi possível estabelecer um trabalho em parceria com outras instituições como o Instituto Vida Real na Maré, a Vila Olímpica da Maré, Creche Comunitária da Maré e o Centro de Referência das Mulheres da Maré. Finalmente, é preciso assinalar que o trabalho do Digaí também tem acontecido de forma articulada à rede de Saúde Mental por sua participação nos Fóruns de Saúde Mental da área programática em que está situado (A.P. III. 1).

O atendimento

O atendimento é feito em pequenos grupos. Cada grupo é formado por um clínico e quatro pacientes, que são reunidos por faixa etária. Temos grupos de crianças, adolescentes e adultos.

Nossa porta de entrada funciona em dois grupos de chegada semanais, onde recebemos todos os que pedem atendimento. Embora a maioria dos pedidos resulte em encaminhamento para um grupo, existem casos em que são encontradas soluções já nestes atendimentos.

Recebemos pessoas encaminhadas pelos mais diferentes lugares: escolas, postos de saúde, outras ONGs da região e um volume cada vez maior de pessoas da comunidade que chegam espontaneamente. O atendimento é gratuito, e cada grupo pode durar de seis meses a um ano. Quando alguém que participou de um grupo que se dissolveu necessita continuar seu trabalho, é encaminhado para um novo grupo.

As redes de hoje e os grupos Digaí

O momento atual... não tem lado, nem mocinho e bandido,
não tem heróis, só vencidos em um campo sem concentração, sem

> *resistência, sem limites. Em uma guerra assim, que não se realiza em torno do Um, perde-se a estratégia, a tática e a política habituais e a solidão e o silêncio prevalecem sobre os interesses coletivos.*
> (HOLCK, 2008, p. 124)

Uma das características mais marcantes de nossa época é o declínio dos ideais e o enfraquecimento das figuras de autoridade. Os princípios que pareciam organizar o mundo perdem sua força, assim como as referências que serviam de base para a constituição de cada um. Um dos aspectos desse novo quadro é o que chamamos de crise das identificações. Há pluralização das palavras de ordem em torno das quais se formam os grupamentos atuais, de forma que reconhecemos hoje grande multiplicidade de estilos de vida e de comunidades não tradicionais. Os laços sociais e familiares se orientam de outra forma: maior diversidade, maior fragmentação. Qualquer ideia, por mais inconsistente que possa parecer, é hoje suficiente para agregar pessoas, como podemos constatar na enorme quantidade de comunidades à disposição no mundo virtual em que vivemos.

No entanto, ao contrário do que poderíamos supor, essa expansão identificatória não tem como consequência necessária uma maior tolerância e respeito pelas diferenças. A reivindicação dos novos estilos de vida chega acompanhada pelo seu múltiplo rechaço. Sendo assim, a segregação se mantém bastante atual, vide nossas guerras contemporâneas e as inúmeras manifestações de intolerância entre os diferentes grupos (TENDLARZ, 2006).

Estas mudanças nos laços grupais se relacionam intimamente com a maneira com que se constitui a identidade dos sujeitos. Sabemos que os laços grupais são fundamentais para formação da identidade. O "quem sou eu" se apoia em grande parte em saber "quem é a minha turma". É no "Uns com os outros" do social que cada um se apoia para construir uma história, achar um lugar, ter um nome.

Esse nome, no entanto, não se constitui unicamente baseado nesta dimensão coletiva. Há sempre algo de muito singular que parece não caber em lugar nenhum, que não pode ser compartilhado, que muitas vezes nem mesmo pode ser nomeado. É aquilo que, segundo Freud, consegue ser ao mesmo tempo o mais íntimo e o mais estranho em cada um de nós.

Estes desencontros de alguém consigo mesmo muitas vezes o tornam refém das próprias escolhas. É o sujeito cantado por Chico Buarque e Ruy Guerra em *Fado tropical* como dividido pela "distância entre intenção e gesto". É o que diz que "depois do feito, desencontrado eu mesmo me contesto" e para quem "se a sentença se assemelha bruta, mais que depressa a mão cega executa, pois que se não o coração perdoa".

Nesta letra a divisão resulta em um dito preciso: "eu mesmo me contesto". Na vida, no entanto, nem sempre os desencontros que experienciamos conseguem ser articulados com tamanha precisão. E, quanto mais distantes o sujeito precisar manter as mãos e o coração, mais duros serão os golpes e mais lamentos se farão.

O formato das redes tem se apresentado como uma solução de montagem do coletivo nesses tempos de enfraquecimento dos ideais, quando os modelos hierárquicos já não dão conta de sustentar a organização de qualquer grupo. Em muitos casos é o possível, ou até mesmo a melhor resposta à dispersão e pluralidade do mundo contemporâneo. Porém as redes não servem somente ao melhor. Elas também têm sido usadas como estrutura de funcionamento do pior. São as chamadas redes ilícitas, que fragmentam a cidade em áreas de atuação de diferentes grupos e exercem verdadeiro fascínio sobre os jovens. Existem na Maré muitas iniciativas que têm por objetivo oferecer alternativas aos jovens que teriam as redes ilícitas como primeira escolha. São grandes projetos que, juntos, formam outra rede e produzem efeito multiplicador de suas ações. Existem, porém, casos em que os impedimentos subjetivos a uma mudança de rumo falam mais alto, tornando o jovem impermeável às novas ofertas. É para estes que o Digaí existe. Nossas limitações e nosso talento indicam que nosso lugar na Rede funciona bem quando estamos associados a grandes iniciativas, num trabalho conjunto, recebendo aqueles que parecem não conseguir se beneficiar das ofertas de novos recursos.

O mundo, de maneira geral, oferece poucos lugares onde é possível entrar com o que se tem de melhor e de pior, o sujeito e sua própria divisão. Onde caiba tanto o que é facilmente compartilhado, quanto o que traz a marca do estranho particular. Os grupos resistem a essa presença porque ela tende a perturbar a necessária sintonia grupal, e é normalmente com dificuldade que estabelecemos laços em que a singularidade e o estranho sejam também acolhidos. A pretensão dos nossos grupos é criar um lugar onde isso possa caber por, de alguma forma, ter sido articulado em fala. Ao nomear o que não tem nome o sujeito pode encontrar um lugar para o estranho que o habita e, com isso, ficar menos refém da sua própria divisão. Apostamos que essa fala possa ser uma invenção do sujeito para lidar com os impasses que o mundo lhe apresenta, e apostamos que isso não se fará sem alguns outros, por isso o grupo.

Nesse sentido o trabalho clínico do Digaí-Maré pode ser considerado uma tentativa de "tomada de posição com relação à violência". Apostar no poder de nomeação como saída equivale a uma "recusa em considerar como solução uma suposta 'ação real', fora da cultura e, por isso mesmo, mais forte do que as palavras" (VIEIRA, 2008, p. 42).

UM EXEMPLO...

Um dos primeiros grupos do Digaí, coordenado por Maricia Ciscato, iniciou seu percurso de uma forma particular: as narrativas sobre diferentes tipos de violência dominavam a cena, produzindo uma espécie de falatório coletivo, quase obsceno, sobre esse tema. Foi preciso, primeiro, que ela pudesse perceber o quanto o horror exercia sobre ela mesma um fascínio evidente. Isso tornou possível um manejo clínico para indicar outra possibilidade de fala e um primeiro deslocamento na posição das participantes: "Certo descaso pelos relatos das cenas violentas, interrompendo-as muitas vezes, e interesse pelo surgimento de algo particular, foram fundamentai" (CISCATO, 2008, p. 102).

É nesse contexto que surge a fala de Antônia sobre a conturbada relação com seu filho primogênito. Relata sua rejeição ao menino, seu desejo de se desfazer dele e os maus-tratos que resultaram na possibilidade iminente de perder a guarda não só desse filho como também do caçula, a quem dizia amar. Da mesma forma que para com o horror narrado pelo grupo anteriormente, foi preciso desviar a atenção em relação à descrição dos maus-tratos e castigos que aplicava ao filho e à tentativa de convencer a todos de que o menino os merecia, "foi preciso que a clínica acolhesse e apontasse que não o menino, mas *algo nele* era insuportável para ela" (CISCATO, 2008, op. cit., p. 102).

Isso se deu a partir da construção de sua narrativa para o grupo: entre muitos irmãos, Antonia foi a única filha entregue pela mãe para ser criada por outra pessoa. Herda da mãe um defeito na perna que, depois de submetido a uma cirurgia para ser extirpado, deixa uma cicatriz, que Antônia mostra às outras participantes.

Essa cicatriz, no início, trazia a marca da relação amorosa com a mãe adotiva, que a salvou do abandono e que a incentivou a fazer a cirurgia. Era também a marca do limite de uma identificação com a mãe biológica, outra que não aquela fundada na rejeição. De fato, este era o único traço de ligação entre as duas. Com o trabalho no grupo, a cicatriz passa a servir como uma espécie de ponte para o recalcado, colocando em destaque uma ligação que não se esgota no abandono.

A cicatriz passa a ser a marca da ligação entre ela e a mãe para além da rejeição, e é o que vai permitir a Antônia ao mesmo tempo descobrir e construir outra ligação com seu filho. Surge em sua narrativa uma associação entre o jeito da criança e o de sua mãe biológica: diz que o menino é a avó "cuspida e escarrada" e que representa tudo o que era desgosto e vergonha em sua vida.

Antonia se separa de um marido com quem a rejeição sempre esteve na ordem do dia e, contando com o olhar de um novo namorado – que garante mediação entre ela e o filho – pela primeira vez, encontra em si própria algo similar ao jeito de seu filho e também de sua mãe. Diz que, assim como eles, sabe provocar os outros até que percam a cabeça.

A interpretação, que no início desloca o horror que estava encarnado pelo filho para *algo nele*, agora se desdobra e permite que *algo nela* se destaque. É contando com isso, e também a partir da separação engendrada, que uma filiação começa a se construir e uma identificação rígida demais começa a se desfazer.

Uma vez desfeita essa identificação de Antônia com a figura da mãe que rejeita, espanca e despreza, cria-se a possibilidade de um novo lugar no coletivo, menos limitado ao dessa mãe terrível, e isso tanto para ela quanto para seu filho, felizmente desalojado da posição da criança insuportável.

Referências bibliográficas

BARROS, R. R. "Da massa freudiana ao pequeno grupo lacaniano". In: *Psicanálise na Favela – projeto Digaí-Maré: a clínica dos grupos.* Rio de Janeiro: Associação Digaí-Maré, 2008.

CISCATO, M. "Fins de um trabalho analítico". In: *Psicanálise na Favela – projeto Digaí-Maré: a clínica dos grupos.* Rio de Janeiro: Associação Digaí-Maré, 2008.

HOLCK, A. L. L. "Patu: a mulher abismada". Rio de Janeiro: Subversos, 2008.

LAURENT, E. "O analista cidadão". *Psicanálise e Saúde Mental*. Revista Curinga, n. 13. Belo Horizonte, 1999.

TENDLARZ, S. "O patológico da identificação". *Opção Lacaniana nº 47. Revista Brasileira Internacional de Psicanálise*. São Paulo: Edições Eolia, 2006.

VIEIRA, M. A. *Restos: uma introdução lacaniana ao objeto da psicanálise*. Rio de Janeiro: Contra Capa, 2008.

Os limites da *Casa da Árvore*

Lulli Milman

Para chegarmos aos nossos limites, organizei meu texto da seguinte forma: primeiro, um pouco sobre o que é a Casa da Árvore, já que muitos não a conhecem; em seguida, sua relação com a psicanálise. Na terceira parte, relato uma tarde comum no Morro do Turano (Rio de Janeiro, RJ), descrevendo nosso trabalho e pensando sobre ele para, a partir daí, discutirmos nossos limites.

1 – O que é a Casa da Árvore

A Casa da Árvore existe há dez anos, funcionando de fato há nove, pois levamos o primeiro ano preparando sua implantação. Foi o tempo de que precisamos, Fernanda Baines, também psicanalista, e eu, para criar as condições de iniciar o trabalho. Começamos com forte inspiração da *Maison Verte*, de Françoise Dolto (1985). Éramos um projeto de extensão do Instituto de Psicologia da UERJ, e essa ligação com a universidade foi condição essencial para que pudéssemos entrar nas favelas. Um aspecto importante é que o desejo de construir este trabalho surge em consequência de anos de tentativas de ampliar, ou melhor, de adequar o atendimento à criança no serviço de Psicologia Aplicada da UERJ ao que víamos como demanda da população. O encontro com a forma de trabalho proposta por Dolto na *Maison Verte* pareceu-nos uma possibilidade adequada a esse propósito.

Atualmente trabalham na Casa da Árvore 37 psicólogos e, ainda que só eu assine o presente artigo, este não teria sido possível sem a equipe inteira, não só porque todos trabalham na Casa, mas porque o que está dito aqui foi objeto de discussão em nossa reunião geral mensal.

Temos três espaços de trabalho: um no Morro do Chapéu Mangueira, outro no Morro do Turano e outro ainda em Niterói, na Ilha da Conceição. Trabalhamos também em duas creches comunitárias, no Morro do Chapéu Mangueira e no Morro D. Marta. Além destas, estamos em uma creche filantrópica, em Botafogo, financiada por uma pessoa generosa, onde se atende clientela de baixa renda.

Muitas coisas mudaram, nestes dez anos, em nossa relação com a *Maison Verte*. O que antes era uma filiação necessária para que algo novo surgisse hoje passou a ser apenas uma inspiração. Atualmente nossa principal partilha com a *Maison Verte* dá-se em torno de uma ética pela qual Dolto tanto lutou: uma forma de lidar com crianças, de compreendê-las como sujeitos. Uma ética que se baseia na compreensão que a psicanálise nos oferece sobre a construção do humano e o padecimento que vivemos por ser o que somos. Na Casa da Árvore, como na *Maison Verte*, lidamos com a dor de viver. Tomamos para nós, também, sua atitude de defesa das crianças como cidadãos participantes da sociedade, com direitos e responsabilidades em relação a seu meio e seu destino. Por isso não vou me estender aqui sobre a *Maison Verte* de Dolto. Passo diretamente a dizer como é, atualmente, a Casa da Árvore e, a partir daí, levantaremos os pontos de nossa discussão.

A Casa da Árvore é um lugar, um lugar aonde as crianças vêm. No Turano, estamos na garagem daquilo que foi uma boa casa de classe média; no Chapéu Mangueira, em cima do posto de saúde comunitário; e na Ilha da Conceição, Niterói, em cima da Associação de Moradores. Em todas há jogos, brinquedos, mesas, e a casa fica aberta durante três horas todos os dias, com exceção dos fins de semana. Mesmo distantes, seguimos à risca algumas indicações de Dolto. Somos sempre três, número indicado por ela, pois facilita certo desencontro entre os profissionais, que vêm sempre apenas uma vez por semana. O único registro que temos das crianças é o que é feito em um quadro-negro onde a cada dia inscrevemos nome e idade das que lá estiveram, junto com os nossos nomes. Até seis anos, elas têm que vir acompanhadas, geralmente por uma criança mais velha; entre seis e doze, vêm sozinhas. As crianças vêm quando querem, saem quando o desejam, voltam se lhes interessar. Nosso compromisso de horário é só o de nossa chegada e o de nossa partida.

2 – Casa da Árvore e psicanálise

A Casa da Árvore não é uma clínica de atendimento onde se faz psicanálise. No entanto, é um lugar que se faz pela psicanálise. O que isto significa?

Em primeiro lugar, é um lugar onde psicanalistas trabalham e pensam sobre seu trabalho. Ainda que fora de um *setting* tradicional, nós nos oferecemos a partir deste lugar, do lugar de psicanalistas trabalhando. E essa oferta de encontro, como psicanalistas, com as crianças, é que é o principal. Estamos ali procurando entender as mazelas humanas a partir do que nos ensinou Freud – o inconsciente, a transferência, o recalque, os destinos das pulsões, o desencontro do homem consigo mesmo. No entanto, diferentemente de uma consulta clássica, onde um se dirige a um outro, desniveladamente, em busca de um saber sobre si, na Casa da Árvore temos um ambiente social. A princípio, as crianças não vão ali para falar de seu sofrimento, mas para estar com adultos e outras crianças em um ambiente onde se convive e se brinca. Mas nós, tocados pela psicanálise, produzimos um espaço transferencial a partir do qual se dão, muitas vezes, profundos remanejamentos subjetivos. Esse espaço se constrói a partir de alguns pontos: o revezamento entre os profissionais a cada dia da semana, a inexistência de inscrições, de hora marcada para a entrada e saída das crianças, o fato de não haver uma proposta de brincadeira previamente planejada, além, naturalmente, da permanência da Casa – ideias geniais de Dolto. Tudo isso cria esse espaço transferencial peculiar no qual, ainda que as características de cada profissional e de cada criança estejam sempre presentes, faz-se uma transferência com a Casa da Árvore – um lugar que ali está e onde algo sempre se mantém, seja a sobrevivência, tão cara a Winnicott, a aposta no inconsciente ou, ainda, a visão da criança como sujeito e cidadão. Estar em um ambiente social faz com que os psicanalistas trabalhem com novos parâmetros, distantes tanto da clínica tradicional quanto da vida social comum entre crianças e adultos (colégio, família, aulas). Ficamos a meio-caminho, entre a clínica – pois estamos ali ocupando um lugar de onde esperamos que surjam transformações subjetivas – e o relacionamento social entre adultos e crianças. Assim, é quase impossível não esperarmos destas algum tipo de comportamento adequado à vida em sociedade, mas isso sem sair de um encontro no qual elas são respeitadas e se trabalha para elas – e não apesar delas. Aliás, pensando bem, só isso já poderia ser suficiente para propiciar transformações importantes. Mas a maior parte das crianças não vai lá por seu sofrimento, como iria a um consultório – pelo menos não inicialmente. Vai para brincar e estar com adultos. Uma vez lá, as peculiaridades do ambiente vão se apresentando e, aos poucos, as crianças vão descobrindo o que podem obter dali em termos de apoio a sua subjetividade.

3 – Uma tarde do mês de maio de 2010 na Casa do Turano

Escolhi esse dia porque foi o último plantão que dei antes de escrever este texto e não por haver qualquer coisa extraordinária nele. O plantão de quarta-feira é composto por Lívia Cavalcante, Paula Labanca e por mim. Como somos três, muitas situações diferentes acontecem a cada dia com cada uma de nós. Falarei aqui basicamente do que vivi.

Quando cheguei, já havia um "pessoalzinho" esperando[1]. Cheguei de táxi, e a Lívia já estava lá, com uma turminha que esperava. Três meninos de mais ou menos 8 ou 9 anos grudaram no táxi, e em mim. "É legal aí, tia?" – alguém perguntou. Eu disse que sim, pois o táxi me levara de onde eu estava para onde queria ir, que era ali. Senti que o trabalho do dia havia começado nesse momento, quando lhe oferecera uma perspectiva diferente de entender sua pergunta. Ele falava do luxo, do conforto – eu falei do uso. Um outro olhar, um outro significado que, eu esperava, lhe abriria novas ramificações, novas possibilidades de significação. Além disso, eu falava do meu desejo de estar ali. Alguém perguntou por que não abríamos enquanto não tivessem chegado os três plantonistas. Explicamos o porquê – às vezes acontecem tantas situações difíceis para nós lidarmos que só dois não dão conta, essa é uma regra da casa. Nessa fala, uma intervenção: a apresentação de uma regra e do sentido de sua formulação, ou seja, nossa incapacidade e nosso limite, o reconhecimento da possibilidade de surgirem momentos com os quais não conseguíamos lidar – e isso sem drama ou condenação

[1] Temos como norma só abrir a casa após a chegada dos três plantonistas, pois se, por alguma circunstância, alguém não for, não podemos ficar só com dois – há tardes em que a coisa "pega fogo", e dois são muito pouco para lidar com isso.

prévia, simplesmente o reconhecimento de nosso limite para lidar com eles. Assim, ao prevenirmos nossa impotência, ou melhor, ao explicitarmos nossa não onipotência, colocamo-nos no lugar de acolher. Acolhemos porque entendemos, porque somos como eles, há "ondas" que não seguramos. E mais, ao apresentar tudo isso sem fazer drama, não nos situamos como cúmplices da destruição que, às vezes, eles parecem encenar.

Nisso, a Paula chegou, e pudemos abrir a Casa. Começou então um *frisson* sobre abrir a porta. Coloquei a chave na fechadura, e Shaiane pediu para abrir. Permiti. Ela entrou correndo na casa: "Fui a primeira, fui a primeira!". Por que privá-la desse encontro com meu molho de chaves (todas as chaves de minha vida estão lá) e de termos essa oportunidade de confiar? Por que privá-la de viver um momento de identificação/aproximação comigo? Conversando sobre o assunto, a Fernanda me disse que não teria permitido. E essa nossa pequena divergência já fala muito do espaço que criamos. Com frequência Dolto falava de lei, na *Maison Verte*, e isso nos atormentou durante algum tempo: e aqui, quais são as nossas leis?

Temos discussões semanais sobre o trabalho; mensalmente, temos reuniões gerais; temos ainda grupos de estudo; duas vezes ao ano temos seminários internos, o que gera uma coesão básica sobre o sentido de nosso trabalho, sobre as regras a seguir para podermos funcionar. Mas nossa lei, de fato, é que estamos entregues à responsabilidade de cada um sobre suas decisões, seus limites, sua forma de agir. Pode-se fazer, mas é preciso ser capaz de explicar, de fazer os outros entenderem. Alguém nos diz que assim ficam todos entregues ao capricho de cada um. Discordo. Não se trata de capricho, mas de ações que devem ser pensadas e assinadas, que têm que ser explicadas (e essa regra é importantíssima) não só para os outros, mas para as crianças. Ações calcadas em uma ética partilhada e discutida em grupo, sempre baseada na psicanálise.

Mas, voltando a Shaiane, ela é uma menina que vem à Casa há muito tempo. Era uma de nossas crianças mais difíceis, quase impossível de suportar – quebrava, brigava, era violenta conosco e com as outras crianças. A Casa da Árvore foi ficando por ali com ela, recebendo, não tolerando, cuidando, sobrevivendo. Interpretando também. Ela vem de uma mãe violentíssima e de um pai desaparecido. João de Moraes, um de nós, trouxe-nos uma reflexão interessante: crianças como essa chegam a nós como se cobrassem uma indenização por tudo o que a vida lhes deve, tudo o que a vida lhes negou. E há muito a ser cobrado, mas isso cansa e nos desespera.

Há algum tempo, e durante um bom período, Shaiane formava uma "dupla do terror" com a Bianca. Essa dupla, com esse sentido de terror, já se desfez. Nesse dia, como, aliás, quase todos os dias, a Bianca também estava lá, sentada no meio-fio, com expressão supertriste. Entramos, e eu fui para o quadro-negro escrever os nomes dos presentes. Shaiane queria ser o primeiro nome, argumentando que tinha sido a primeira a entrar. Obedeci, ainda que nunca tivesse ouvido que houvesse uma relação entre ser o primeiro a entrar e ser o primeiro nome a ser escrito no quadro. Ela quis que fosse assim, achei que não devia questionar: se ela se achava merecedora de inaugurar a lista, o que tinha ares de privilégio, e nenhuma criança questionou, tudo bem. Nisso, Pablo voou pelas minhas costas e se pendurou em mim. Eu soube depois que ele subiu em uma cadeira e pulou de lá. Como vocês veem, sou uma senhora, mas, assim como ele, vocês não podem ver que tenho artrose na coluna. Por isso, quando ele pulou, minhas costas fizeram "creck". Levei um susto, me irritei, outro dia ele já tinha feito isso, por isso talvez já devesse pelo menos ter sido informado de minha artrose, do que é artrose, e de que eu não gostava daquilo. Só que nem no primeiro dia nem nesse trabalhei bem o assunto. Tinha apenas pedido que ele não fizesse aquilo. Com certeza, falei de minha idade – ele também dá estes "voos" em outras pessoas, todas sem artrose, todas jovens. Apesar de uma quantidade de coisas passarem por mim, só consegui, num tom de voz que acho que sintetizava todas, dizer a ele para não fazer aquilo. De novo, a mesma fala; de novo, a sensação de haver sido tola e pobre a minha intervenção. A coisa não andou. Esse menino faz, com os jovens, claro, diversas coisas com o corpo – a principal é pedir-lhes para rodá-lo. Muitas vezes, em momentos de fúria, foi contido por braços firmes e afetuosos – o contato do corpo é muito importante para ele. E eu não consegui lidar bem com aquilo.

Mas a tarde prosseguiu. Ainda escrevendo os nomes, de dentro da Casa, perguntei a Bianca, que estava no meio-fio, se era para colocar seu nome no quadro. Assim que tinha descido do táxi e visto sua cara triste, eu perguntara: "Você está com uma carinha *superjururu*, não está?". Ela fez que sim com a cabeça. À minha pergunta sobre o nome na lista, ela respondeu com um sim. Esse quadro, outra genial invenção de Dolto, tem em si um sentido terapêutico: é o reconhecimento da presença de cada um em seu próprio nome. Ele cria um conjunto – conjunto presença-coletiva em uma tarde na Casa – unindo-nos em uma experiência conjunta de que todos cujos nomes estão no quadro vivem em comum. Dolto era mesmo genial. Desta forma, Bianca, com seu sim, declarou que faria parte de nosso conjunto naquela tarde. Em nosso pequeno diálogo, surgiram uma responsabilização por sua presença e a aceitação de um acolhimento. Dali a pouco, vi que ela já havia entrado e me lembrei de um assunto pendente.

Na quarta-feira anterior, ela tinha estado lá com sua irmãzinha de quatro anos. Essa menina, que se cria sob sua responsabilidade, tem muitos privilégios que ela não tem, inclusive o de ter alguém – a própria Bianca, no caso – que é uma semimãe muito melhor do que a mãe propriamente dita que ambas têm. Havia na Casa duas bonecas, que eu nunca tinha visto. Num certo momento, Bianca me informou (confesso que duvidei um pouco, mas deixei por conta da palavra dela): "Lulli, esta boneca é da minha irmã. Vou levar pra casa". Eu disse que tudo bem, sem me deter no assunto. Na reunião de equipe, depois desse plantão, Ana Carolina Vieira, coordenadora da Casa do Turano, contou que havia comprado duas bonecas para a casa e que uma havia sumido. Era a tal boneca. Nessas reuniões, eu já tinha ouvido os colegas dizerem que Bianca vinha pegando muitas coisas da Casa, escondido, como que "roubando". Decidimos então que, como tudo havia se passado em nosso plantão, nós deveríamos tocar no assunto. Nesta quarta-feira de que estou tratando aqui, falei para ela: "Ih, Bianca, sabe aquela boneca que você levou semana passada? Encontrei com a Ana Carolina, que disse que tinha comprado duas bonecas para cá. A boneca é daqui, não era a da sua irmã". Falei em um tom casual; ela ficou me olhando. Acho que não falou nada. Eu disse ainda: "Lembre-se de trazê-la amanhã". Lívia se aproximou e contei isso em voz alta, para ela saber que eu já tinha tocado no assunto. A opção de tratar do assunto dessa forma vinha de entendermos que ela não estava de fato roubando a boneca e, mais do que isso, de entendermos que sua relação com as coisas da Casa havia evoluído. Na verdade, ela havia levado a boneca e mentido para mim; porém o que importava mais nessa cena não era nada disso, mas sim o fato de ela ter me incluído nessa história, ter-me dito o que ia fazer.

Como acontece em muitas ocasiões, coisas se passam, para o bem e para o mal, no espaço que se cria por sermos cinco equipes que não estão sempre nem em contato nem de acordo sobre como agir. Esse espaço, que muitas vezes tentamos tapar, é também importante e facilitador de muitas mudanças nas crianças, oferecendo-lhes oportunidades de fazer alianças, ter suas raivas, encontrar-se com uma Casa da Árvore que é um todo, mas um todo com brechas, espaço onde podem criar, imaginar e mesmo transgredir sem ter como resposta a violência.

Mas, voltando a Bianca, quando ela me participou que ia levar a boneca, muitas coisas me ocorreram, tais como: "Não sei o que houve antes, não sei nada sobre as bonecas". Pensei: "Será que é mesmo dela? Deixo levar? Duvido dela?". Decidi apostar não exatamente na busca da verdade, mas sim no fato de que ela se movia no espaço possível de transferência que oferecemos em nosso modelo de trabalho, que se faz pelas diferenças na equipe. Ela me disse que queria levar alguma coisa dali, ela não roubou. E eu não conhecia a realidade dos fatos.

Quando retomei o assunto com a Bianca, achei importante citar meu encontro com a Ana Carolina. Acho que isso me deu um sentimento de pertencimento a uma equipe, ainda que eu nada soubesse sobre a boneca. Mas esse era o aspecto pessoal, pontual, e o que mais importava era nosso conjunto "Casa da Árvore". Depois disso, Bianca pegou um tubo de cola colorida que uma das crianças tinha trazido e que, portanto, não era da Casa, e escreveu seu nome no chão, bem perto da porta. Eu e Paula dissemos quase ao mesmo tempo: "Poxa, Bianca, isso não dá". Ah, como o tom de voz importa! Como a escolha das palavras, em uma sutileza incrível, faz diferença! Mas, em um ambiente social, isto é difícil de manter. Ela saiu, foi para fora da Casa escrever seu nome na coluna que separa nossa casa da do vizinho. Lívia foi atrás, perguntou se ela queria um papel para escrever, e assim se iniciou o que podemos considerar uma sessão individual, na calçada. Nela, a menina escreveu seu nome, o nome da avó, da tia, fez pequenos coraçõezinhos e falou do drama de sua vida com sua mãe, da possibilidade de ir para a casa da avó, do horror e da esperança. Essa sessão durou mais de meia-hora.

Depois da conversa sobre a boneca, ela tinha ido escrever seu nome no chão da casa. A Casa da Árvore era dela, naquele momento não como um poder que tivesse sobre a Casa, mas como uma vontade – a Casa era dela, ali ela podia existir, mesmo que ainda precisasse deixar isso escrito.

Grande avanço. Antes, ela deixava suas marcas com violência, destruição, uma violência aprendida em casa. Um mês antes, a mãe lhe dera um soco no rosto que a deixara roxa e inchada, porque ela tinha perdido dez reais. Ela vinha mudando, mas sua família continuava igual.

Bem, voltemos à nossa tarde. Enquanto isso, lá dentro, no fundo da casa, duas meninas brincavam de alguma coisa. Três meninos entravam e saíam, às voltas com umas gaivotas de papel. Shaiane, que tinha trazido uma pilha de livrinhos, com eles se colocara em uma mesa com equipamento de colorir e ali trabalhava sossegada. Paula e eu ficamos conversando, nada nem ninguém nos demandava. De repente, Shaiane reclamou: "Ei, vocês não estão fazendo o trabalho de vocês, de psicólogas". Perguntamos: "Mas o que é trabalho de psicólogas?". "Cuidar das crianças" – disse ela –, "brincar com as crianças". E nós respondemos: "Às vezes o trabalho é deixar as crianças brincarem sossegadas".

Fiquei muito feliz com esse pequeno diálogo. Essa menina fora a protagonista de uma situação que relatei em artigo publicado no livro *Por uma ética do cuidado* (MILMAN, 2009). Naquela ocasião, ela tentara impedir que o irmão, machucado, fosse fazer um curativo na Casa, pois para ela, então, cuidar era submeter e aprisionar, e por isso berrava: "Não vai não! Ela quer mandar em você!" – referindo-se à psicóloga que ia fazer o tal curativo. Ela puxava o irmão para longe de nós. Nesta quarta-feira, pedia nossa atenção tranquilamente, depois de se entregar por um bom tempo ao nosso cuidado, à nossa presença distante, depois de tolerar, apreciar e poder produzir sem nos pedir nada. Lembro-me, aqui, de "A capacidade de estar só", um texto tão lindo do Winnicott (1958/1990). Para Shaiane, naquele momento, essa capacidade já era dela.

Um outro momento da tarde. Eu montava um quebra-cabeças com Lorena. Bianca, Shaiane e Luciene faziam uma mistura com a tal cola colorida (que eu tinha barrado de dentro da Casa) e mil coisas que iam pondo dentro. Eu não sabia bem qual era a brincadeira. Perguntei, e não responderam, mas me pareceu um brinquedo bem regredido de comidinha/sujeirinha que crianças pequenas gostam de fazer. E elas eram meninas entre 10 e 11 anos. Procuraram uma cola dentro da casa, em nossos guardados; queriam mexer num armário e numa prateleira onde sabiam que não podiam mexer. Bianca na liderança. Na hora, não me ocorreu, mas, escrevendo, penso que ela de novo queria se mostrar "enturmada" no lugar, à vontade, podendo abrir qualquer armário, mexer no material de limpeza. Se na hora tivesse pensado nisso, deveria ter falado – proibido a ação, mas falado sobre ela. Seria isso uma interpretação – dar um novo sentido a uma ação que, a princípio, parecia simples desobediência? Sim, porque a existência do tal armário trazia consigo o necessário e fundamental espaço da transgressão, o que, inicialmente, não podemos permitir. Mas, como não falei, a situação foi ficando perturbadora, foi perdurando, e eu me irritando e me sentindo impotente. Em algum momento, chamei Paula e Lívia, que estavam lá fora batendo corda para alguém pular. "Gente, não tá dando, a maior confusão aqui dentro". Falei em um tom firme, mas sem agressividade, e em tom de voz normal. Pedi ajuda a elas – viramos uma equipe, me fortaleci. Vira-me incapaz de lidar com a cena que começava a crescer, uma impossibilidade provavelmente criada por eu não ter entendido o "à vontade" de Bianca – e isso por estar superinteressada em montar o quebra-cabeças.

Esse é outro problema que temos: muito facilmente nos envolvemos em atividades que nos interessam, e deixá-las às vezes é difícil. Com isso perdemos o pé da situação, o sentido que esta pode conter. Paula e Lívia falaram com as meninas, que saíram sem confusão. No meio disso, eu disse: "Aí fico com vontade de ir para casa". Ô, frase infeliz! – mas escapou. "Droga!" – pensei. Foi interessante como me senti apoiada por elas, protegida, como se elas fossem uns agentes de seguranças. O que elas asseguraram? Sair de minha irritação, com certeza, recolocando-me em uma equipe de trabalho, dando, com sua presença, um sentido para eu estar ali. O que, tomada pela irritação, eu havia perdido.

Em outro momento, a cola colorida retornou. Pablo levou uma cadeira para a calçada e sujou-a com a cola. Dei um pequeno toque: "Não dá, poxa! Não acredito!". Ele já foi muito violento e hoje em dia, algumas vezes, é simplesmente "levado", mas nesta tarde decidiu, por si, limpar a cadeira. Pediu-me material para isso e, quando acabou, disse, feliz: "Está brilhando". Fiquei atônita e feliz. Optara por fazer apenas um leve comentário sobre sua "lambança", pois a tomara por uma brincadeira. Não me parecera um gesto destrutivo, afinal daria para se limpar a cadeira. Acho que isso favoreceu a limpeza espontânea.

Os finais de tarde têm sido tranquilos, e nesse dia também o foi. Estiveram lá umas doze crianças, que foram indo embora, nem sei bem como. Sobrou o Joaquim. Nós três já começávamos a nos arrumar para ir embora, quando vimos que ele queria ficar. Nós nos sentamos e ficamos ali com ele. Brincando de "gaivota ao alvo", ele rolou no chão de alegria. E foi com essa deliciosa alegria que a tarde se acabou. Todo mundo foi embora pra casa.

4 – Os limites

A Casa da Árvore recebe fundamentalmente crianças que andam sozinhas, e podemos dizer que muitas delas se criam sozinhas. A psicanálise extramuros é uma psicanálise que já rompe limites, os muros foram ultrapassados, e por isso muitas e muitas vezes me pergunto sobre nossos limites com relação a um trabalho feito em consultório. Sim, há casos nos quais uma patologia está mais instalada, nos quais nos deparamos com traços psicóticos intensos que realmente não podemos alcançar. Há vidas com tal exposição à crueldade que não podemos atingir. Alguns desses casos nós tentamos encaminhar; quanto a outros, só podemos chorar. No Chapéu Mangueira, por meio de um convênio com a UFRJ, favorecendo a criação de uma clínica de atendimento no posto de saúde, estamos fazendo algumas tentativas novas, voltadas para tais casos, bem como para alguns pais e mães que nos demandam.

Mas sobre essas crianças de quem falamos, a partir do que se passou numa quarta-feira qualquer, a radicalidade do efeito transformador oferecido por esse dispositivo é inegável – e possível, pois elas vão sozinhas, vão porque querem, ainda que alguns meninos apareçam de cueca e sem sapatos. Muitas vezes os pais nem mesmo sabem que seus filhos estão indo lá. As crianças escolhem os dias em que vão, determinam a hora de chegar e sair, a colocação ou não do nome no quadro. Seu compromisso com a própria presença é maior do que qualquer pagamento em dinheiro, pois esse é um valor de troca que não se coloca entre nós e esses meninos que andam sozinhos. Na verdade, em nossa discussão de equipe, o que vimos foi que os limites que mais nos preocupam sempre foram os nossos, e não os da psicanálise. Estar ali, em um ambiente desconhecido, com crianças com vidas e experiências tão diferentes das nossas, vivendo às voltas com tiros, com medo, sem uma sólida estrutura teórica que nos sustente, sem experiências anteriores que nos acolham, foi sempre o mais difícil. A violência das crianças, entre si e contra nós, em um ambiente social no qual a variável "diferentes inserções sociais" se impõe o tempo todo, gera intermináveis discussões na equipe. Intermináveis, mas não estagnadas. Nós também evoluímos, não só as crianças. Por exemplo, com relação ao momento do fechamento da Casa, que é geralmente o mais tenso. Mais situados em nosso trabalho, conseguimos ter menos culpa de ir embora, e manejamos melhor a partida. Aprendemos a escolher melhor nossa intervenção a cada momento – às vezes é preciso colocar algum sentido, às vezes é preciso agir. Às vezes, mostramos a nossa afetação pelo que se passa.

Coisas a manejar: compreender a situação – interpretar? ser psicanalista –, estar à vontade para fechar, fazer um certo tempo lógico ("já deu"), prevenir a confusão pelo diagnóstico do excesso de excitação. O que vejo é que adquirimos mais liberdade em nosso trabalho, rompemos de fato com limites e temos conseguido construir um estilo próprio, um jeito "Casa da Árvore" de trabalhar. Um jeito "simples como um repolho", como dizia Dolto, mas um repolho diferente dos repolhos das hortas francesas.

Há uma situação dessas, simples, que acho interessante narrar. A única coisa de alimentação que oferecemos a eles é água. Temos em cada casa um bebedouro de bujão no qual as crianças não podem mexer. Elas têm que nos pedir a água, pois sem esse limite ocorriam "inundações" cotidianas. Bem, elas pedem água sem parar. Não há sede no mundo que justifique tantos pedidos. Nós atendemos, geralmente. Há dois aspectos principais que se revezam nesses pedidos. Por um lado, é uma utilização que fazem de nós como objeto – um objeto que cuida e atende. Há uma troca de afetos, um carinho e uma atenção que circulam. "Tenham trabalho conosco", no sentido de "Cuidem de nós". Por outro lado, há a tal cobrança de indenização de que já falei: "Trabalhem para nós!!! Agora é nossa vez". Entre um e outro, servimos a água buscando ajudá-las a chegar a um sentido sobre o insaciável que vai além da sede.

O curioso é que, apesar de estarmos aqui tratando de limites, uma das questões que mais têm nos envolvido tem sido, pelo contrário, a da ampliação. Trata-se do trabalho com as creches, que já existe, e da possibilidade de estarmos em outras instituições que lidem com crianças. Experiências como a nossa, ainda que quebrem os muros do consultório, não rompem com uma dinâmica clínica que envolve algum propósito de cura. Já no trabalho das creches, para onde levamos uma postura ética e um estar por ali próprio à Casa, passamos para o âmbito da prevenção. Trabalhamos no ambiente, nas crecheiras, nas famílias, nas relações entre todos e, muitas vezes, com uma atenção especial a uma criança que precise mais. Nesses espaços que são educacionais, e não clínicos, procuramos produzir transformações em sua relação com as crianças, em seu olhar sobre o próprio trabalho, sobre o sentido deste na vida das crianças. Dessa forma, deslocamo-nos da cura para a prevenção. E, no momento, sonhamos ir adiante, quebrar novos muros indo para outras instituições.

Bem, assim, a Casa da Árvore segue seu caminho, pulando muros, abrindo portas, tomando uns tombos, mas buscando levar sempre consigo, mesmo nas banais tardes de quarta-feira, a vivacidade do mundo das crianças que nos frequentam.

Referências bibliográficas

DOLTO, F. *La cause des enfants*. Paris: Éditions Robert Laffont, 1985.

MILMAN, L. "Casa da Árvore, um delicado encontro entre adultos do asfalto e crianças da favela". In: SCHARGEL MAIA, M. (org.). *Por uma ética do cuidado*. Rio de Janeiro: Garamond, 2009.

WINNICOTT, D. W. (1958) "A capacidade de estar só". In: *O ambiente e os processos de maturação*. Porto Alegre: Artes Médicas, 1990.

A QUESTÃO DOS LIMITES E A SITUAÇÃO ANALISANTE NA CLÍNICA CONTEMPORÂNEA

Luís Claudio Figueiredo

O fazer psicanalítico em suas variedades será o tema desta palestra, prosseguindo o que apresentamos no livro *As diversas faces do cuidar*. Consideraremos algumas especificidades da situação analisante em diferentes condições da prática psicanalítica atual. Em algumas, os atendimentos padrão de pacientes neuróticos, podemos contar com limites intersubjetivos e intrapsíquicos bem constituídos e com processos mediacionais de trânsito e passagem, os processos terciários, eficazes. Em outras condições, a dos sofrimentos não neuróticos, nem os limites foram bem estabelecidos nem, principalmente, os chamados processos terciários estão operando. As consequências destas diferenças na instalação e sustentação da situação analisante são profundas, e a elas será dedicada a parte final do trabalho. Contudo, antes de podermos focalizar estes temas, a própria s*ituação analisante* será objeto de exame para identificar suas qualidades, seus elementos, sua estrutura e dinâmica. A tese principal é a de que a instalação e sustentação de uma *situação analítica* é sempre a principal tarefa do analista, seja nos atendimentos padrão, seja em suas variantes.

1 – A SITUAÇÃO ANALÍTICA COMO *SITUAÇÃO ANALISANTE*

Começaremos recordando um pouco da pré-história da invenção do dispositivo freudiano[1], momentos em que algumas descobertas pré-analíticas, que

[1] Cf. textos em que Freud nos relata o processo de construção do dispositivo analítico a partir de suas experiências com o hipnotismo, com a sugestão e com as entrevistas dirigidas (FREUD, 1893/1976, 1904/1976, 1905/1976, 1913/1976, 1919/1976, 1938/1976).

já apontavam para a existência de uma dimensão inconsciente nos processos mentais, e ainda associadas ao uso da "hipnose sugestiva", abriram espaço para outro uso da hipnose, a que chamaremos de "hipnose investigativa". No primeiro caso, a hipnose é adotada para produzir mudanças imediatas no psiquismo e/ou comportamentos desajustados do paciente, prescrevendo ou inibindo condutas; no segundo caso, a hipnose é adotada como meio de transpor (e evitar) as resistências inconscientes e descobrir os fatores patogênicos inconscientes (eventos traumáticos na infância) responsáveis pela atual enfermidade neurótica. O que Breuer e Freud imaginam é que o acesso consciente aos fatores inconscientes, isto é, a *rememoração*, produzirá a vivência emocional necessária à cura da neurose, uma "descarga". Seria a ocorrência desta ab-reação, deste "pôr para fora" o agente traumático, característica do processo catártico, a responsável pela cura.

Na passagem da hipnose sugestiva à hipnose investigativa (obra de Breuer e Freud) a solução terapêutica perde a imediaticidade pretendida até então: é o começo da introdução do *tempo* no processo de cura: há o tempo da pesquisa e o tempo dos processos na cura, já diferenciados; mesmo que ambos ainda sejam muito breves, o dispositivo breuer-freudiano exige alguma *paciência*. Como se verá, esta dimensão temporal e esta disposição psíquica serão cada vez mais requeridas ao longo da criação e evolução da situação analítica.

Como se disse, desde os primeiros momentos o dispositivo de cura é uma invenção que se apoia em – e responde a – alguns achados relativos aos processos inconscientes, sendo, por seu turno, a condição mesma para novas descobertas: estão aí presentes em uma mesma montagem a criação inventiva e a descoberta. Assim foi também com a invenção da situação analítica original por Freud, totalmente apoiada e em correspondência ao que ele vinha sendo capaz de descobrir com base na hipnose investigativa e, depois de abandonada a hipnose, com base nas conversas dirigidas com evidente intenção de pesquisa e terapia. Ao renunciar também a esta direção na condução das entrevistas com seus pacientes, criava-se a psicanálise.

O dispositivo clássico da psicanálise é o que articula a fala em associação livre do paciente – se possível, deitado no divã – com a escuta livremente flutuante e as interpretações do analista, sentado em sua poltrona, fora do campo de visão do outro. Nesta montagem, a dimensão temporal se estende e a paciência – do paciente e do analista – é ainda mais exigida, bem como são, se não exigidos, ao menos recomendados um *espaço* e *lugares* de repouso e bem-estar para os dois.

O processo se transforma: ao invés de transpor e tentar evitar as resistências inconscientes recorrendo à hipnose, elas são convocadas; a investigação deixa que elas venham e entra em contato com elas, e segue em frente; na verdade, deixa-se conduzir pelas próprias resistências, à medida que surgem, em sua busca gradual dos fatores patogênicos que, por sua vez, perdem a relativa simplicidade de um "evento traumático" para serem concebidos de forma muito mais complexa e dinâmica, incluindo conjuntos de fatores da vida de relações do sujeito e suas fantasias, os "complexos".

A fala em associação livre libera suas verdades de forma sinuosa, dispersiva, lenta, fragmentada, aos pedaços e não pode ser apressada, dirigida, "resumida". Do outro lado, a escuta livremente flutuante também não pode se apressar – nem se atrasar –, devendo acompanhar de perto as marchas e contramarchas, tempos e contratempos da fala em associação livre, sendo capaz, contudo, de dar saltos (para frente e para trás) bastante inesperados. Ambas estão à mercê dos processos primários e sua lógica e sua temporalidade peculiares, nada afeitas às cronometragens convencionais. E ainda antes de a escuta se converter em interpretação é preciso conceder um tempo para o que já foi chamado de "teorização livremente flutuante", em que muitas figuras se formam e se perdem, muitas hipóteses se formulam e se dissipam, muitas se sobrepõem e se contradizem, e todas se deixam elaborar na mente do analista; é um tempo em que se vai configurando, aos trancos e barrancos, uma "teorização sob medida", uma "prototeoria" sobre o paciente e sobre a própria relação terapêutica em seu estado atual e em sua história.

Na verdade, a escuta e esta forma rudimentar de "teorização" são partes do mesmo processo de deixar-se levar pelos inconscientes do paciente e do analista em seus encontros muito pouco previsíveis e controláveis, tateantes, surpreendentes.

Destacamos neste momento como a investigação, a construção do conhecimento teórico e a própria terapia estão conjugadas no dispositivo freudiano. O processo se complicou: não só as lembranças e as fantasias de desejo recalcadas, mas também as resistências da vida mental do paciente são convocadas, como também são exigidas a paciência da escuta e a capacidade de pensamento do analista; o *tempo* se estendeu, incluindo cada vez mais, além das rememorações, o tempo do que virá a ser chamado de elaboração e "perlaboração das resistências" (1914/1976), entre as quais as prototeorizações criadas pela dupla e "sob medida".

Dadas as relações entre a prática terapêutica, a investigação e a teorização, o profissional da psicanálise é sempre um pesquisador e um teórico, e as descobertas analíticas tornam-se praticamente "intermináveis", dando ensejo, quando não exigindo novas invenções teóricas e práticas, novos dispositivos ou ajustes e modificações na situação analítica original inventada por Freud. Seguiram por este caminho Ferenczi (principalmente nos textos sobre a elasticidade da técnica e mais ainda sobre neocatarse e relaxamento (cf. FERENCZI, 1927/1992, 1929/1992), Melanie Klein (com a invenção da técnica do brincar para seus pacientes infantis (cf. KLEIN, 1955/1975) e todos os pós-freudianos (Bion, Winnicott, Kohut, Lacan, etc.) que propuseram desenvolvimentos nas teorias e modificações no enquadre e/ou nas técnicas. Foram levados a isso, principalmente, para atender pacientes que estavam excluídos do "atendimento padrão", como as crianças e os pacientes muito regredidos (psicóticos, narcisistas, *borderline*), ou neuróticos que a ele eram muito resistentes. A esta modalidade de mudança – ocorrida ao longo da história da psicanálise – denominaremos de macrotransformações da situação analítica. Assim, a situação analítica, ao conjugar o eixo do conhecimento ao eixo da terapia, formando uma mescla indispensável na sua caracterização, lança-se a um futuro imensamente fecundo e em contínua possibilidade de mudança. Onde esta conjugação de dimensões está ausente, a psicanálise está em crise (mesmo que observando a mais estrita ortodoxia), mas, por outro lado, esta conjugação pode estar ativa em variedades muito distintas do padrão que foi criado por Freud, como veremos adiante.

A propósito: em um dos seus trabalhos, opondo a situação analítica às diversas formas de hipnose, Freud (1905/1976) caracteriza o seu trabalho como sendo realizado *per via di levare* e não *per via di porre*. Essa observação não desqualifica o trabalho de "construção" em que a mente do analista coloca no processo mental do paciente elementos ali em falta. Ao contrapor a *via di levare* à *di porre*, Freud estava se referindo ao processo de des-cobrir, de revelar, algo que se inscreve como uma dimensão essencial da situação analítica.

Ela é um dispositivo heurístico de pesquisa (descoberta e teorização), além de um dispositivo terapêutico. Mesmo quando há alguma "construção" (o que foi aventado por Freud em 37, mas só veio a receber maior relevo nas clínicas bioniana, winnicottiana e kohutiana), a maior participação ativa do analista (oferecendo *sustentação* e *continência*, *espelhamento* ou *interpelação*), o *reconhecer* o psiquismo do paciente em suas necessidades e angústias básicas e defesas primitivas não pode ser economizado e abreviado. Isso requer "paciência" ao analista e ao analisando.

Após esta breve consideração da situação analítica a partir dos textos seminais de Freud, podemos reconsiderar a própria forma de nos referirmos a ela, trazendo à cena o conceito sugerido por Jean-Luc Donnet (2005), de *situação analisante*. O que este conceito ajuda a tornar mais evidente é a dimensão dinâmica e operante do dispositivo freudiano, bem como de todas as suas variantes que, aliás, decorrem deste mesmo dinamismo. Vimos como descoberta e invenção se potencializam, e vimos também como macrotransformações se ligam às expansões do conhecimento e alterações das técnicas. O resultado destas interações dinâmicas é fazer da situação analisante uma espécie de entidade viva e continuamente em processo de ajuste, auto-organização e conquista, o que cria a possibilidade de contar-se uma "história da situação analítica" e fazer-se a sua "arqueologia" (cf. ROUSSILLON, 1995).

A relação entre as formas e estruturas que a cada momento definem a situação analisante e as dinâmicas que a habitam pode ser pensada a partir da distinção entre *game* e *play*, entre as regras estabelecidas para que se constitua um campo de jogo (*game*) e a espontaneidade criativa que se espera dos jogadores (*play*).

O analista argentino José Bleger (1967/1985), em uma aproximação original das questões da vida institucional às questões do enquadre na situação analisante, fala da relação entre o *imóvel* dos *enquadres*, e o *processual* dos movimentos psíquicos que podem ocorrer dentro desta moldura, entre, de um lado, o *processo analítico em sua dinâmica* e, de outro, suas *condições de base* que, em princípio, devem ser estáveis. Mas a teorização de Bleger vai além, sugerindo que é justamente nestes elementos não dinâmicos do enquadre que se depositam os aspectos mais primitivos do psiquismo do paciente, mas que isso é necessário para que se forme o campo dentro do qual os processos podem ocorrer, o campo da análise, pois nele os demais elementos do psiquismo irão ser liberados para emergência e elaborações. Uma decorrência é a de que para a análise prosseguir além de certo ponto o próprio enquadre precisará ser tomado em consideração para que então possam ser dali desalojados e analisados aspectos até então ali escondidos e mantidos em estado de latência. Ou seja, é preciso que, a cada momento, o enquadre mantenha-se firme – que as regras do jogo sejam bem estabelecidas e sustentadas, os limites bem definidos –, mas que sempre haja alguma flexibilidade, alguma elasticidade para que, no seu devido tempo, a análise ganhe terreno sobre o material até então imobilizado no enquadre. Ou seja, reencontramos aqui a noção de uma entidade viva e em transformação criando, ela mesma, condições de vida e transformação para seus "ocupantes", os mundos internos do paciente e do analista; até mesmo os elementos amortecidos e silenciados em seu depósito no enquadre podem, assim, ser conservados em um estado semissonambúlico para ser ressuscitados mais adiante.

As proposições de Bleger sobre a "psicanálise do enquadre" são tributárias das análises da situação analítica como um *campo dinâmico* desenvolvidas por Willy e Madeleine Baranger (1961-1962/1969), também na Argentina. Em um dos mais importantes e criativos trabalhos sobre o tema da situação analítica, os Baranger propõem a ideia de "campo dinâmico", dotado de sua própria lógica, a que paciente e analista estão submetidos, um campo de forças capazes de gerar suas próprias fantasias inconscientes compartilhadas[2] e de sustentar e impulsionar a análise; porém estas mesmas forças são capazes de bloquear a análise quando se convertem em resistências compartilhadas no que eles chamam de "baluartes", pontos cegos e sob o domínio da compulsão à repetição da dupla.

O paradoxo a que o pensamento dialético de Bleger nos levou é o de reconhecer no próprio enquadre tanto uma condição de base para o processo de análise como um lugar e uma figura de resistências compartilhadas pelo paciente e pelo analista, ou seja, como um baluarte a ser confrontado, dissolvido e perlaborado. Trata-se da velha conhecida, a lógica paradoxal

2 Claramente um precursor do conceito de "terceiro analítico" de Thomas Ogden (1992/1996).

(cf. FIGUEIREDO, 2009a): *o enquadre é não só a condição da análise, como, ao invés disso, uma resistência à análise.*

Novamente, a partir dos Baranger e seu conceito de "campo dinâmico" nos aproximamos da noção de "situação analisante" e sua ênfase na vitalidade operante deste arranjo. Este dinamismo é o que o leva a transformar-se não só ao longo da história da psicanálise (as macrotransformações), mas também ao longo da história de um tratamento, mesmo que tais microtransformações possam ser muito sutis e pouco evidentes. Contudo, é do monitoramento das modulações e do manejo destas microtransformações que depende o avanço ou a estagnação do processo.

Mas o que torna, certamente, a situação analisante tão viva, dinâmica, paradoxal e complexa é a sua peculiar *força de atração.* Segundo J.-B. Pontalis (1991) o campo transferencial que se instaura em uma relação analítica é dotado desta força magnética. Aqui sugerimos que o efeito atrativo é exercido tanto sobre o paciente quanto sobre o analista, ou seja, todo o campo transferencial e contratransferencial que se constitui como situação analisante exerce esta força atrativa: toda a vida psicossomática da dupla para aí converge; as palavras (livres associações, relatos oníricos, narrativas, recordações, etc.) e as atuações e encenações de fantasia nas transferências, bem como as repetições e as resistências são *atraídas para* e *convocadas pela* situação analisante e pelos processos regressivos que aí ocorrem, introduzindo-lhe *vida*.

A noção de "elasticidade da técnica", aventada por Freud e amplamente explorada por Ferenczi (1927/1992, op. cit.), deve ser estendida para se referir à elasticidade da situação analisante como um todo e em sua generalidade (suas regras, seus limites e seus enquadramentos), para que nela caibam e atuem as tensões que a caracterizam em sua dialética operativa; o que é vivo é sempre elástico e dotado de alguma espontaneidade, e não rígido. Assim, o conceito deixa de aplicar-se apenas às situações de atendimento dos "pacientes difíceis", com as mudanças de enquadre que requerem, para se estender a todo o campo da psicanálise, abarcando todas as variantes da situação analisante, desde a mais "desviante" até a mais de acordo com a "técnica padrão".

Cremos que a noção de *situação analisante* proposta por Donnet substitui com vantagem a noção de "situação analítica" por sua capacidade de sugerir a vivacidade e a atividade de seu objeto, sua propensão às macro e às microtransformações. Winnicott (1962/1965), abrindo seu texto sobre os objetivos de uma psicanálise, nos fala sobre "keeping alive" (mantendo vivo) e Ogden (1995) nos fala sobre "aliveness" como um critério fundamental no monitoramento de um processo de análise. Ambos concordariam com a ideia de que o que torna uma psicanálise eficaz é, em primeiro lugar e como condição necessária, a capacidade de a situação analisante atrair para si vida e abrir possibilidades de vida psíquica e psicossomática para seus habitantes.

É sob esta ótica que se deve considerar a questão da frequência de sessões. A vantagem principal de uma alta frequência, de uma maior intensidade no processo de análise é que, em geral, a esta maior intensidade corresponde uma maior densidade emocional dos encontros na situação analisante, aumentando-se também a força de atração. A capacidade de a situação analisante atrair e abrir possibilidades de vida varia, em grande medida, de acordo com a frequência dos encontros analíticos, mas este não é o único fator determinante (dependendo do paciente, muita vida é atraída e gerada mesmo com baixa frequência, ao passo que uma frequência superior, imposta de fora, corre o risco da diluição e da banalização). Como sempre, a determinação desta variável da situação analisante faz parte dos micro ou macromanejos que a sustentação do dispositivo requer em função da singularidade de cada caso e de cada momento.

É claro, porém, que, sendo a atração e geração de vida uma condição necessária, não é suficiente, ou seja, *psicanalisar* implica algo mais, a que nos reportaremos adiante. Antes disso, resumiremos o que vem sendo exposto propondo uma noção ampla do psicanalisar.

Parafraseando Freud (1914/1976), que disse: "Qualquer linha de investigação que reconheça estes dois fatos [a resistência e a transferência] e os tome como pontos de partida de seu trabalho tem direito a se chamar psicanálise, ainda que chegue a resultados diversos dos meus".

Diríamos: "Tem direito a se chamar psicanálise, ainda que chegue a resultados diversos dos de Freud e dos demais grandes pensadores da psicanálise, qualquer trabalho que reúna e sustente as condições de operação de uma *situação analisante* tal como inventada por ele e reinventada por tantos outros e por todos nós cada vez que praticamos a clínica psicanalítica".

A este trabalho de instalação, monitoramento e sustentação da situação analisante cabe o conceito de "manejo" em sentido amplo. Também as intervenções estritamente interpretativas do analista precisam estar subordinadas às estratégias e táticas de manejo, pois é na própria operatividade da situação analisante que reside o essencial da clínica analítica.

2 – Os fazeres psicanalíticos

Cabe ver agora o que são os fazeres analíticos, sejam os do analista, sejam os da situação analisante. Partimos de uma definição ampla dos fazeres analíticos, tal como apresentada em outro trabalho (2009b).

Ao fazer psicanálise, em qualquer de suas variantes, facilitamos a *elaboração da experiência emocional* em suas dimensões mais turbulentas e em suas dimensões mais sutis e ocultas; mediante interpretações e construções do sentido das fantasias de ansiedades e das fantasias de desejo, e das perlaborações das resistências (do ego, do id e do superego), tanto no plano transferencial como no histórico, tentamos propiciar transformações intrapsíquicas e intersubjetivas (reposicionamentos subjetivos) no paciente; espera-se que isso ocorra a cada sessão e ao longo do tratamento[3].

Nos processos de elaboração de experiências emocionais e de perlaboração de resistências ressalta a importância das experiências do *sonhar* (e do *brincar*) em análise: isso inclui tanto o sonhar *do* paciente como o sonhar *o* paciente pelo analista (OGDEN, 2009 e FERRO, 2009), como, ainda, o sonhar compartilhado de ambos; trata-se do *brincar* de ambos na construção de uma *ambiência viva de recolhimento, pesquisa e transformação*. O brincar em Melanie Klein e o jogo do rabisco em Winnicott exemplificam perfeitamente bem esta criação intersubjetiva de uma situação analisante. Autores contemporâneos, como os já citados Ferro e Ogden, e também Roussillon (2005) deram contribuições originais nesta direção. Destaquemos alguns aspectos.

---

[3] A questão da frequência, já considerada em sua relação à atração e geração de vida, precisa também ser vista do ponto de vista dos processos de elaboração: não há uma regra geral e a cada caso temos de ir descobrindo o que mais favorece as elaborações das experiências emocionais em cada situação analisante.

Comecemos pela reconhecida presença do sonho e de seus equivalentes – como a associação livre – na situação analisante aquém de qualquer intervenção interpretativa explícita, embora potencializada por elas: é da eficácia própria à situação analisante a facilitação do funcionamento onírico. Do lado do paciente, temos os sonhos narrados (que tendem a aumentar em frequência), mas também a associação livre e as fantasias na transferência, e, no caso de crianças (mas não só, pois o atendimento de psicóticos lança mão com frequência destas modalidades não verbais de produção e comunicação), as brincadeiras e os desenhos e modelagens; do lado do analista, temos as *rêveries*, as próprias interpretações, e outras participações analíticas (construções) em suas mais diversas modalidades.

Entre os autores que escreveram textos clássicos sobre o funcionamento onírico do paciente em sessão e seus equivalentes, como a associação livre, Bertram Lewin (1955/1992) tem uma posição de destaque. Temos também um texto extraordinariamente elucidativo de autoria de M. Khan (1962/1984). Apoiado em Freud e em Lewin, Kahn nos apresenta uma concepção complexa e muito clara do que entende por "situação analítica" – centrada na experiência do sonhar – e abre sua visada para abarcar os pacientes difíceis, incapazes de produzir o que ele chama de "sonho bom". São os pacientes dos sofrimentos não neuróticos a que nos dedicaremos na continuidade desta apresentação. Segundo Kahn, a ocorrência do "sonho bom" traz por si só grandes aportes terapêuticos, e sua ausência, enormes problemas à própria instalação da situação analítica. Voltaremos adiante a estes dois trabalhos.

Associada ao funcionamento onírico na situação analisante, verifica-se a ocorrência de alguma regressão narcisista. Isso que é próprio do sono ocorre também em alguma medida na sessão como condição básica na constituição da *situação analisante*. Novamente aqui os trabalhos de B. Lewin e de M. Khan merecem ser lembrados, bem como alguns de Winnicott (cf. 1954/1958). No entanto, o texto clássico sobre a regressão narcisista é o de B. Grunberger (1957/1979). Neste texto, Grunberger submete a situação analítica a um escrutínio detalhado pelo viés da experiência de regressão narcísica que ela promove (ou facilita), mostrando os ganhos terapêuticos que podem advir desta experiência, mesmo quando a análise pouco pode contribuir para esclarecimentos e transformações no plano das relações objetais e das fantasias edípicas. Grunberger propõe a tese de que não só a regressão narcisista é a condição para o trabalho interpretativo nos moldes freudianos como é em si mesma um fator de cura e transformação psíquica quando a problemática da constituição narcísica estiver na base do adoecimento.

3 – Entre dormir e acordar

Na construção da situação analisante, ao longo da história, assiste-se ao progressivo, mas nunca completo, distanciamento em relação ao hipnotismo e à sugestão hipnótica, para a emergência da psicanálise e do seu enquadre peculiar. Tal enquadre não apenas cria as condições para as ações terapêuticas específicas do analista (interpretações, construções e manejos, no sentido estrito de adaptações do enquadre) como é, ele mesmo, como base da *situação analisante*, um fator terapêutico. O tratamento psíquico não apenas tem como fundamento a instalação e sustentação da situação analisante como coincide, em grande parte, com este processo à medida que facilita e promove as condições (regressão narcisista e funcionamento onírico) para a elaboração da experiência emocional. Assim, o analista é, antes de tudo e em primeiro lugar, o que se oferece para conduzir estas "tarefas" de instalação e sustentação, o que denominamos "manejo" no sentido ampliado. Há aspectos a destacar como síntese.

O enquadre analítico, tal como concebido originalmente, comporta:

(1) a *oferta e sustentação* de tempo, espaço e lugares – vale dizer, *limites* temporais e espaciais – para sonhar e jogar, ou brincar, em que paciente e analista ora estão sós, ora juntos em suas produções oníricas e lúdicas;

(2) uma função de *depósito* dos elementos mais primitivos do paciente, responsáveis pela compulsão à repetição e pelas resistências mais primitivas, a serem imobilizados para que algo possa se mover, algo que deve ser adormecido para que algo possa ser despertado, fazendo do analista simultaneamente um adormecedor e um despertador; o enquadre é assim um depósito das funções superegoicas e defensivas do paciente (FIGUEIREDO, 2009b), de forma a facilitar a emergência do *infantil* e do mais arcaico na *situação analisante* (embora uma parte importante deste material permaneça provisoriamente – e, talvez, para sempre – fora do campo do jogo).

A situação analisante se situa, e nisto seguimos as precisas indicações de B. Lewin, mas também Grunberger poderia usar as mesmas palavras, entre "fazer dormir" (hipnotizar) e "acordar"; entre "apaziguar" e "perturbar"; para adotarmos a formulação de Lewin: "The analyst continuously operate either to wake the patient somewhat or put him to sleep a little, to sooth or to arouse" (LEWIN, 1955/1992, op. cit., p. 72); a análise do enquadre tal como nos propõe Bleger ajuda a entender como o analista possa ser as duas coisas ao mesmo tempo.

O analista tomado como o que deixa "dormir", sonhar e brincar; o "analista não intrusivo", de que nos fala Balint (1968/1993), eventualmente embala o paciente, sonhando e jogando com ele; estão aí presentes as funções de *sustentação* e *continência*, "dando corda" aos processos inconscientes a fim de desenvolver na dupla melhores condições de comunicação fora do controle exclusivo dos processos secundários. É o que faz, por exemplo, Ogden (2009, op. cit.), *conversando como quem sonha e ajudando* seu paciente, reclinado no divã, *a sonhar*.

Na mesma direção, e indo mais fundo ao encontro dos pacientes que não sonham ou têm um *déficit* na capacidade de fazer passar a experiência emocional primitiva para o campo da palavra, Roussillon (2005) faz da "conversa psicanalítica" – nas posições frente a frente ou de lado – uma espécie de "jogo do rabisco", *à la* Winnicott. São variantes do dispositivo original que, contudo, conservam e mesmo ampliam o essencial da situação analisante. Nos encontros analíticos relatados por Roussillon, elementos muito primitivos de comunicação pré-verbal são incorporados ao brincar compartilhado.

Os textos destes autores são herdeiros diretos das ideias de Lewin e Khan, retrabalhadas a partir de Bion (Ogden e Ferro) e de Winnicott (Roussillon).

Mas Lewin também nos mostrara o analista como o que desperta o paciente. Esta função de despertador pode ser aproximada à função que denominamos traumática (de corte e interpelação) e à função que chamamos de reconhecimento e integração (FIGUEIREDO, 2009b e c). Estas são funções que, quase sempre, implicam um trabalho interpretativo no sentido estrito: são sentenças interpretativas que (1) operam analiticamente, desligando e abrindo espaços no plano das representações, atravessando defesas e introduzindo *sondas* em estratos profundos do psiquismo inconsciente para que desde ali novos elementos venham à tona, ou (2) propiciando ligações inesperadas, formações de novas figuras, *insights*. O que queremos destacar é que a eficácia das interpretações depende de uma condição prévia criada pela situação analisante. Em acréscimo, podemos dizer que a própria emergência da atividade interpretativa do analista decorre das condições dinâmicas do campo analítico, de que fazem parte a mente e o corpo do analista.

4 – Atração e evocação das resistências na e à situação analisante

Antes de passarmos às variedades da clínica, mas já preparando o terreno, trataremos das resistências à análise.

Em geral, a literatura trata preferencialmente é do que aqui chamaremos de resistência tipo I: a resistência ao corte e a resistência à integração, a resistência à dor psíquica do "ser encontrado e desalojado" e a resistência ao "cair em si" e fazer contato com o recalcado e/ou cindido. Como estas funções de corte ou de integração são exercidas pelas vias interpretativas, as resistências nestes casos sempre emergem como resistências à interpretação psicanalítica, no contexto de uma situação analisante instalada e em operação. Algumas interpretações podem, inclusive, levar a situação analisante a impasses ao provocar resistências muito fortes e encruadas, mas, em geral, as resistências deste gênero não comprometem a situação analisante, ao contrário, contribuem para que se mantenha e evolua.

Coisa distinta é o que poderíamos chamar de resistência tipo II: aqui se trata de uma resistência ao semissono da análise, ao movimento de deixar-se adormecer e ser acordado, a resistência ao sonho (e seus equivalentes) e à saída do sonho, e ao brincar – solitário e compartilhado – e sua interrupção; no fundo, é sempre a resistência à entrega ao objeto e à regressão narcisista e à dependência. O que está em jogo é a desconfiança (FIGUEIREDO, 2003 e 2009d) e a fantasia de morte, associada à sensação de ser perdido ou abandonado; é a resistência ao "deixar-se cair fora de si", necessária à constituição da situação analisante. Esta resistência é a que caracteriza os pacientes difíceis, os que desafiam a competência do analista em termos de "manejo", embora possa vir a se revelar também ao longo dos tratamentos de pacientes neuróticos.

Nos dois casos trata-se de uma resistência à *experiência do limiar ou passagem*, uma experiência em que o sujeito defronta-se com a dependência, seja para entregar-se a ela, seja para dela sair; nesta medida, pode-se supor que, em ambas as resistências, esteja operando algum nível de ódio ao bom objeto; no segundo caso, porém, trata-se mais claramente de uma resistência à dimensão terapêutica da *situação analisante* ela mesma, com o que ela comporta de trânsito entre o adormecer um pouco e ser acordado um pouco, recolher-se no mais íntimo e profundo do psiquismo e compartilhar esta experiência com o analista.

E nos dois casos, mas principalmente no segundo, estas resistências comprometem a viabilidade e a eficácia da situação analisante; podem impedir que ela se forme ou levar ao seu desmantelamento ou à sua morte. Por isso, as resistências do segundo tipo nos obrigam a repensar toda a situação analisante e o próprio enquadre. O que nos leva, ainda mais longe, a repensar também tudo o que está em jogo, em termos metapsicológicos, nos processos analíticos em todas as suas variantes. Tais considerações nos permitirão, em seguida, passar ao tema da variedade da clínica, pensada a partir da questão dos limites e de suas ultrapassagens.

5 – Processos primários, processos secundários e processos terciários

Inspirado na problemática das transformações (Bion) e na problemática da transicionalidade (Winnicott), André Green (1995) propôs a noção de *processos terciários* com funções de mediação. Estes processos terciários – assim denominados para marcar a diferença com os primários e secundários concebidos por Freud, mas que vão além desta referência, pois dizem também respeito a outros limites – oferecem ao sujeito *experiências dos limiares*, que implicam os limites e sua ultrapassagem. Iremos então considerar a importância dos processos terciários no tratamento e isso inclui, por exemplo, a importância do pré-consciente nos processos analíticos, sede e ponto de incidência do que se pode falar e pensar na situação analisante. A lógica exigida para pensarmos os processos terciários é a lógica do paradoxo, pois eles fazem contato ao mesmo tempo com duas regiões presididas por lógicas distintas e antagônicas: o sonho – tal como sonhado e, mais ainda, tal como narrado – e, especialmente, o conceito de "sonho bom" de M. Kahn (1962/1984) é um exemplo preciso do que está em jogo nos processos terciários. A situação analisante opera com esta lógica e sua dinâmica implica a ativação dos processos terciários; quando estes estão debilitados ou quase inexistem, abre-se um campo de desafios.

6 – Processos terciários no tratamento de pacientes neuróticos: os limites e suas passagens

Os pacientes neuróticos trazem inscrita em seus aparelhos psíquicos a eficácia do recalque primário na contenção da *loucura precoce* que resulta do encontro das forças da pulsionalidade (as forças das fantasias primitivas) com a força dos encontros (sensoriais e afetivos) com os objetos primários; isso compõe o potencial traumático de cada indivíduo. Estes elementos e intensidades pulsionais, sensoriais e afetivas puderam ser submetidos aos contrainvestimentos capazes de instalar o "duplo limite". Há um limite entre dentro e fora e um limite, interno, entre o inconsciente e a consciência, em decorrência dos objetos primários terem sido "suficientemente bons", exercendo satisfatoriamente as funções básicas de cuidar (FIGUEIREDO, 2009c). Nestes casos, pode-se supor que o que Roussillon denominou "simbolização primária" foi relativamente bem-sucedido, ou seja, há *matrizes de ligação psicossomática* em funcionamento[4]: a partir daí, representações e afetos podem vir a ser pareados e representações-palavra ficam disponíveis para a associação com representações-coisa, integrando-se a redes associativas inconscientes e conscientes. O que está em jogo na constituição destas matrizes de ligação

[4] Entendemos *as matrizes de ligação psicossomática* como sendo os verdadeiros fundamentos da capacidade de *experienciar* do indivíduo, implicando, nesta medida, uma *protossimbolização*. Cremos, na verdade, que falar em "protossimbolização" ou "matrizes da experiência" é mais vantajoso que distinguir dois níveis de simbolização como faz o autor francês, pois o que importa neste contexto é a *ligação* e a *continuidade do ser* (para falarmos em uma linguagem winnicottiana) e não uma forma primitiva de representar.

psicossomática é, fundamentalmente, um modo de organizar, separar e, ao mesmo tempo, unir corpo e mente em uma experiência integrada, na qual operam processos terciários de transformação. A partir daí, boa parte da experiência emocional primitiva – salvo as da loucura precoce – pode ser organizada no plano das protossimbolizações e das representações, passando pela e para a palavra e, portanto, podendo passar por transformações e elaborações importantes.

Contudo, esta estruturação básica do psiquismo não é suficiente para garantir aquele estado de relativa felicidade, sempre bastante limitada, que é própria da condição humana: há também o sofrimento neurótico decorrente dos recalcamentos secundários excessivos. Estes excessos, parcialmente, são a consequência da própria estruturação psíquica bem instalada a partir do recalque primário. Como percebia Freud, a massa dos elementos arcaicos submetidos a tal contenção exerce grande força de atração sobre todos os conteúdos que lhe são assemelhados. O núcleo do inconsciente atrai para sua esfera mais elementos psíquicos. De outro lado, os mecanismos de defesa do ego e a instância superegoica tentarão proteger de forma incisiva o psiquismo contra um eventual retorno do recalcado primário pela via associativa, ou seja, pela via das cadeias de representações que mantêm uma de suas "pontas" mergulhadas na loucura precoce. O resultado destas operações conjuntas é o de muitas trilhas das redes associativas sucumbirem aos recalques secundários, gerando angústias e produzindo as inibições e sintomas do adoecimento neurótico.

Esta pequena digressão metapsicológica apenas nos prepara para o retorno à questão da clínica e, mais especificamente, à questão da situação analisante. Como já foi observado por André Green, o enquadre padrão – o do dispositivo inventado por Freud – é de uma fina adequação à estruturação neurótica: há na situação analisante total correspondência entre a montagem intersubjetiva e os planos intrapsíquicos do paciente e do analista; isto é, no plano intersubjetivo da relação entre paciente e analista, de acordo com a "regra fundamental", replica-se o que ocorre no plano intrapsíquico dos dois, incluindo o duplo limite: o dentro e o fora da situação analisante estão perfeitamente delimitados e, internamente, as separações e as passagens entre o inconsciente e a consciência operam bem. Assim, a montagem freudiana tende naturalmente a criar um campo dinâmico – para falarmos com os Baranger – que é uma espécie de *intrapsíquico compartilhado*, sendo esta uma boa definição para o que Thomas Ogden denominou "terceiro analítico". Os dois limites estão presentes e as representações e afetos, as palavras e as coisas, ainda que tenham sido separados pelo recalque, podem ser reunidos pela associação livre, pelo sonho, pela interpretação e pelos processos sublimatórios em geral[5]. Desta forma, os processos terciários de mediação poderão ser ativados com relativa facilidade na constituição do campo dinâmico intersubjetivo e intrapsíquico da situação analisante.

Nestas condições, podemos entender o silêncio e a fala em análise, tal como ocorrem nos tratamentos de estruturas psíquicas neuróticas na situação analisante padrão. Este enquadre se organiza a partir do que podemos chamar de *silêncio fundamental* – e que diz respeito tanto ao paciente quanto ao analista. É um silêncio presente e preservado mesmo nas falas do paciente e do analista, pois estas não perturbam o núcleo do inconsciente, o indizível e impensável do que sucumbiu ao recalque primário, a loucura precoce.

Assim sendo, a vocação da situação analisante no atendimento padrão é a de "dar a palavra" ao Inconsciente recalcado, efeito dos recalques secundários, e fazê-lo ressoar de forma a ser escutado. Quando esta vocação se cumpre, ou seja, quando a situação analisante opera a contento, as falas oníricas e lúdicas (do paciente e do analista) exercem bem suas funções de *soother* e de *waker*, soando sem opor-se ao silêncio fundamental, conservando-o, conservando-se nele enraizadas e a ele retornando. Em outras palavras, os limites são ao mesmo tempo mantidos e ultrapassados com a ativação dos processos terciários. Nesta condição, o analista funciona como *guardião do silêncio e da fala onírica* (a fala em potência transformadora), capaz de participar dos e impulsionar os processos de elaboração da experiência emocional, tanto no plano das questões narcísicas quanto no das relações objetais e fantasias edípicas.

---

5 Para a ideia da sublimação como reunião do cindido e separado, ver LOEWALD, 1988.

7 – A análise com "pacientes barulhentos"

Mas a coisa é distinta no amplo território dos sofrimentos não-neuróticos[6].

Os pacientes dos adoecimentos não-neuróticos – um espectro que inclui os *borderline*, os esquizoides falso-*self*, os narcisistas, os pacientes psicossomáticos, os portadores de "transtornos alimentares", etc. – constituíram-se a partir de falhas graves dos objetos primários e trazem consigo falhas do recalque primário, isto é, falhas na contenção da *loucura precoce*; são, genericamente, os pacientes das "falhas básicas" (BALINT, 1968/1993, op. cit.), que incidem diretamente sobre os limites.

Tais falhas básicas inscrevem-se na constituição narcísica (na instalação do duplo limite), com repercussões graves no plano das relações objetais: verificam-se então transtornos no controle pulsional e nas relações de objeto e condições precárias no funcionamento dos processos terciários de mediação. Pode-se atribuir a eles falhas na simbolização primária (Roussillon), ou seja, problemas no plano da constituição da *capacidade de experienciar*, de organizar vivências emocionais e/ou cognitivas no plano do sentido. A unidade psicossomática está comprometida.

Em relação à linguagem há algo importante a ser observado. Claramente, são indivíduos falantes, mas neles a linguagem encontra-se em estado de dissociação e/ou fragmentação: ou é uma linguagem que não faz contato com a dimensão emocional e pulsional da vivência, podendo então ser muito fluente e eficaz no plano comunicacional, ou, estabelecendo este contato, perde a fluência, fragmenta-se e cala. Estes dois estados podem ser mais ou menos dominantes, mas não se excluem: no primeiro estado, a linguagem fica totalmente sob o domínio do processo secundário; no outro, fica à mercê dos processos primários. O que falta a esta linguagem é a função mediadora dos processos terciários, o que, naturalmente traz consequências importantes na montagem da situação analisante. A solução de uma conversação psicanalítica proposta por Roussillon tem como uma das suas justificativas o fato de propiciar comunicações pré ou paraverbais nas situações em que a fala do paciente não é capaz de fazer contato com a experiência emocional. Nesta situação, trata-se de cultivar os processos

[6] Cf. MINERBO, 2009, para uma exposição clara da distinção entre neurose e não-neurose.

terciários a partir de um nível mais arcaico, em que o contato com a presença viva e expressiva do analista torna-se indispensável.

O que se verifica, contudo, é que, tanto nos momentos bem falantes da fala dissociada quanto nos momentos tartamudos ou emudecidos, há continuamente um barulho ressoando no plano intrapsíquico onde os objetos internos em estado de turbulência mantêm a loucura precoce em atividade: o indivíduo, assediado por "vozes" e ruídos do mundo interno e do mundo externo (elementos β não metabolizáveis de origem afetivo-pulsional e sensorial), nem dorme nem desperta, nem cala nem fala no sentido pleno do termo. Outra forma de colocar a mesma ideia é dizer que na ausência de uma fala com funções mediacionais, incapaz assim de propiciar elaborações experienciais emocionais, os elementos não representacionais do psiquismo atuarão de forma primitiva. De um lado, as moções pulsionais transformadas em afetos arcaicos pressionarão na direção das evacuações maciças, diante das quais a única defesa é a retenção absoluta: ou são totalmente expelidas (os limites são rompidos) ou ficam imobilizadas (os limites são cristalizados). De outro lado, as identificações não poderão ser de fato integradas pela via introjetiva e permanecerão como corpos estranhos incorporados, isto é, como identificações superegoicas que tiranizam e atuam à revelia do sujeito, sem qualquer possibilidade de apropriação subjetiva. De uma forma ou de outra, a ausência dos processos terciários e da fala nos limiares da linguagem deixa o sujeito à mercê de forças incontroláveis e não metabolizáveis.

Por isso, as falas que efetivamente se observam nestes casos, incapazes de mediação, sofrem diretamente os efeitos das defesas primitivas: daí os silêncios patológicos (mutismo associado ao medo e à sensação de esvaziamento) e as falas defensivas (maníacas, obsessivas, amaneiradas, operatórias, falso-*self*, etc.), feitas para fazer calar as vozes e barulhos internos e externos da loucura precoce em atividade.

Nestas situações, a tarefa primária da situação analisante é exercer a função de "silenciador" na instalação do silêncio fundamental, e isso, paradoxalmente, precisa ser realizado por um analista mais implicado – e mais falante, mais conversador – do que o que se espera do analista no atendimento aos portadores do sofrimento neurótico. É uma forma de presença implicada do analista (o que não exclui, pelo contrário, faz desafios ainda mais radicais à sua capacidade de reserva) que pode facilitar o silenciamento dos objetos internos em estado de turbulência. É a presença viva do analista que pode funcionar como facilitadora do repousar, do dormir, do sonhar e da capacidade de brincar do paciente, propiciando a transformação de elementos β (os objetos internos superegoicos mais primitivos e selvagens) em elementos α. Só assim se pode cultivar a formação de processos terciários e se opera o resgate da *fala nos limiares da linguagem*, na sua função mediacional entre o dentro e o fora, e entre o inconsciente (processos primários) e o sistema pré-consciente-consciência (processos secundários): *a fala nos limiares da linguagem é a que atravessa limites, preservando-os.*

8 – Finalizando

A *situação analisante* implica sempre a instalação e sustentação, ou mesmo o resgate, da fala nos *limiares da linguagem*, da fala como elemento do processo terciário (mediando processos primários e secundários, mediando Inconsciente e Consciência, mediando corpo e mente, mediando interior e exterior etc.). Nos limiares da linguagem, a *fala* funciona entre afeto e representação e pode participar da *elaboração da experiência emocional*, o que inclui a interpretação das ansiedades e dos desejos, isto é, a articulação das fantasias inconscientes, e a perlaboração das resistências primitivas.

A *fala nos limiares da linguagem* opera no respeito ao indizível, preservando o silêncio fundamental: é a palavra poética, com suas ressonâncias e seus silêncios irredutíveis. O analista, certamente, não faz poesia, mas pode tomar para si a palavra poética como uma espécie de referência exemplar do que é a fala nos limiares da linguagem. Criar, instalar e sustentar os processos da fala nos limiares da linguagem é fazer psicanálise, é manter viva e operante uma situação analisante, é participar da elaboração da experiência emocional.

Referências bibliográficas

BALINT, M. (1968) *A falha básica*. Porto Alegre: Artes Médicas, 1993.

BARANGER, W. & BARANGER, M. (1961-1962) "La situación analítica como campo dinámico". *Problemas del campo analítico*. Buenos Aires: Kargieman, 1969.

BLEGER, J. (1967) "Psicanálise do enquadramento psicanalítico". *Simbiose e ambiguidade*. Rio de Janeiro: Francisco Alves, 1985.

DONNET, J.-L. *La situation analysante*. Paris: PUF, 2005.

FERENCZI, S. (1927) "Elasticidade da técnica analítica". *Obras completas*, v. IV. São Paulo: Martins Fontes, 1992.

———. (1929) "Princípio de relaxamento e neocatarse". *Obras completas*, v. IV. São Paulo: Martins Fontes, 1992.

FERRO, A. "Transfomations en rêve et personnages dans le champ psychanalytique". *Revue Française de Psychanalyse*, p. 817-842, 2009.

FIGUEIREDO, L. C. *Psicanálise. Elementos para clínica contemporânea*. São Paulo: Escuta, 2003.

———. "Intersubjetividade e mundo interno". O lugar do campo superegoico na teoria e na clínica". In: *As diversas faces do cuidar. Novos ensaios de psicanálise contemporânea*. São Paulo: Escuta, 2009.

———. "Três teses sobre o paradoxo em psicanálise". In: *As diversas faces do cuidar. Novos ensaios de Psicanálise contemporânea*. São Paulo: Escuta, 2009a.

———. "Ao redor do processo analítico e suas variedades". In: *As diversas faces do cuidar. Novos ensaios de psicanálise contemporânea*. São Paulo: Escuta, 2009b.

———. "A metapsicologia do cuidar". In: *As diversas faces do cuidar. Novos ensaios de psicanálise contemporânea*. São Paulo: Escuta, 2009c.

———. "Confiança. A experiência de confiar na clínica e na cultura." In: *As diversas faces do cuidar. Novos ensaios de psicanálise contemporânea*. São Paulo: Escuta, 2009d.

FIGUEIREDO, L. C. & COELHO JUNIOR, N. (2000) *Ética e técnica em psicanálise*. (Segunda edição). São Paulo: Escuta, 2008.

FREUD, S. (1893) "Sobre la psicoterapia de la histería". *Obras completas*, v. II. Buenos Aires: Amorrortu, 1976.

———. (1904) "El método psicoanalítico de Freud". *Obras completas*, v. VII. Buenos Aires: Amorrortu, 1976.

———. (1905) "Sobre psicoterapia". *Obras completas*, v. VII. Buenos Aires: Amorrortu, 1976.

————. (1913) "Sobre psicoanálisis". *Obras completas*, v. XII. Buenos Aires: Amorrortu, 1976.

————. (1914) "Contribución a la historia del movimiento psicoanalítico". *Obras completas*, v. XVI. Buenos Aires: Amorrortu, 1976.

————. (1919) "Nuevos caminos de la psicoterapia psicoanalítica". *Obras completas*, v. XVII. Buenos Aires: Amorrortu, 1976.

————. (1938) "Esquema del psicoanálisis. La técnica psicoanalítica". *Obras completas*, v. XXIII. Buenos Aires: Amorrortu, 1976.

GREEN, A. "Notes sur les processus tertiaires". *Propédeutique. La métapsychologie révisitée*. Seyssel: Champ Vallon, 1995.

GRUNBERGER, B. (1957) "The analytic situation and the dynamics of the healing process". In: *Narcissism. Psychoanalytic essays*. Madison: International Universities Press, 1979.

KHAN, M. (1962) "A psicologia do sonho e a evolução da situação analítica". In: *Psicanálise: teoria, técnica e casos clínicos*. Rio de Janeiro: Francisco Alves, 1984.

KLEIN, M. (1955) "The psycho-analytic play technique. Its history and significance". In: *The writings of Melanie Klein*, v. 3. London: The Hogarth Pres, 1975.

LEWIN, B. D. (1955) "Dream psychology and the analytic situation". In: LANSKY, M. R. (org.) *Essential papers on dreams*. New York: NY University Press, 1992.

LOEWALD, H. *Sublimation. Inquiries into theoretical psychoanalysis.* Yale University Press, 1988.

MINERBO, M. *Neurose e não neurose*. São Paulo: Casa do Psicólogo, 2009.

OGDEN. Th. (1992) *Os sujeitos da psicanálise*. São Paulo: Casa do Psicólogo, 1996.

————. "Analysing forms of aliveness and deadness of the transference and countertransference". *Int. J. Psycho-analysis*, 76, 695, 1995.

————. "On Talking-as-dreaming". In: *Rediscovering psychoanalysis*, p. 14-30. Routledge: London, 2009.

PONTALIS, J.-B. *A força de atração*. Rio de Janeiro: Zahar, 1991.

ROUSSILLON, R. *Logiques et archéologiques du cadre psychanalytique*. Paris: PUF, 1995.

———. "La conversation psychanalytique. Un divan en latence". *Revue Française de Psychanalyse*, 69, 2005.

WINNICOTT, W. D. (1954) "Metapsychological and clinical aspects of regression within the psycho-analytic set-up". In: *From paediatrics to psycho-analysis*. London: Hogarth, 1958.

———. (1962) "The aims of psychoanalytical treatment". In: *The maturational process and the facilitating environment*. London: The Hogarth Press, 1965.

Sobre os autores

ANA BEATRIZ FREIRE

Professora do Instituto de Psicologia da UFRJ (Programa de Pós-Graduação em Teoria Psicanalítica); Psicanalista Correspondente da Escola Brasileira de Psicanálise (EBP) – Seção Rio; Autora do livro *Por que os planetas não falam?*; Pesquisadora do CNPq e Associada do ICP (Instituto de Cínica Psicanalítica do Rio de Janeiro).

e-mail: freireanab@hotmail.com

ANA MARIA RUDGE

Professora Associada do Departamento de Psicologia da PUC-Rio; Membro Psicanalista da Sociedade de Psicanálise Iracy Doyle; Pesquisadora do CNPq; Pesquisadora da Rede Universitária de Pesquisa em Psicopatologia Fundamental.

e-mail: arudge@puc-rio.br

ANDRÉA REIS

Psicanalista da Escola Brasileira de Psicanálise (seção Rio); Coordenadora das reuniões clínicas do Digaí-Maré do qual é uma das fundadoras.

e-mail: areissantos@hotmail.com

CARLOS AUGUSTO PEIXOTO JUNIOR

Psicanalista; Professor do Departamento de Psicologia e do Programa de Pós-graduação em Psicologia Clínica da PUC-Rio.

e-mail: cpeixotojr@terra.com.br

CLAUDIA AMORIM GARCIA
Psicanalista; Doutora em Psicologia Clínica pelo Wright Institute, Berkeley; Professora Associada do Departamento de Psicologia da PUC-Rio; Professora orientadora do Programa de Pós-graduação em Psicologia Clínica; Membro efetivo do Círculo Psicanalítico do Rio de Janeiro; Coautora do livro *Entre o eu e outro: espaços fronteiriços* (Juruá, 2010).
e-mail: clauag@uol.com.br

GABRIELA MALDONADO BORGES
Psicanalista; Mestre em Psicologia Clínica pela PUC-RJ e Doutoranda do Programa de Pós-Graduação em Teoria Psicanalítica da UFRJ (bolsista da CAPES).
e-mail: maldonadogabriela@yahoo.com.br

JOEL BIRMAN
Psicanalista; Professor Titular do Instituto de Psicologia da UFRJ; Professor Adjunto do Instituto de Medicina Social da UERJ; Diretor de Estudos em Letras e Ciências Humanas, Universidade Paris VII; Pesquisador associado do Laboratório "Psicanálise e Medicina" da Universidade Paris VII.
e-mail: joelbirman@uol.com.br

LUIS CLAUDIO FIGUEIREDO
Psicanalista; Professor da PUC-SP e da USP; Autor de *As diversas faces do cuidar* (2009) entre outros livros.
e-mail: lclaudio@netpoint.com.br

LUIZ AUGUSTO M. CELES
Professor Titular do Departamento de Psicologia Clínica da Universidade de Brasília; Pesquisador bolsista do CNPq; Psicanalista.
e-mail: lamceles@gmail.com

LULLI MILMAN
Psicóloga; Psicanalista do Circulo Psicanalítico do Rio de Janeiro; Fundadora do Serviço de Atendimento Infantil da UERJ; Coordenadora do projeto Casa da Árvore; Organizadora do livro *A Casa da Árvore, uma experiência inovadora na atenção à infância* (Garamond).
e-mail: lullimilman@uol.com.br

MARCUS ANDRÉ VIEIRA
Psicanalista da Escola Brasileira de Psicanálise; Professor Assistente do Departamento de Psicologia da PUC-Rio.
e-mail: mav@litura.com.br

MARIA HELENA FERNANDES
Psicanalista; Doutora em Psicanálise e Psicopatologia pela Universidade de Paris VII, com Pós-doutoramento pelo Departamento de Psiquiatria da UNIFESP; Professora do Curso de Psicossomática do Instituto Sedes Sapientiae e autora dos livros *L'hypocondrie du rêve et le silence des organes: une clinique psychanalytique du somatique* (Presses Universitaires du Septentrion, 1999), *Corpo* (Casa do Psicólogo, 2003) e *Transtornos alimentares: anorexia e bulimia* (Casa do Psicólogo, 2006).
e-mail: fernandes.mh@terra.com.br

MARTA REZENDE CARDOSO
Psicanalista; Doutora em Psicopatologia Fundamental e Psicanálise – Universidade de Paris Diderot – Paris 7; Professora Associada do IP da UFRJ (Programa de Pós-Graduação em Teoria Psicanalítica); Membro da Associação Universitária de Pesquisa em Psicopatologia Fundamental; Pesquisadora do CNPq (bolsa de produtividade em pesquisa). Autora do livro *Superego* (Escuta, 2001), Coautora do livro *Entre o eu e o outro: espaços fronteiriços* (Juruá, 2010).
e-mail: rezendecardoso@gmail.com

MONAH WINOGRAD
Psicanalista; Professora do Programa de Pós-graduação em Psicologia Clínica / PUC-Rio; Autora do livro *Genealogia do sujeito freudiano* (ArtMed).
e-mail: winograd@uol.com.br

PAULO DE CARVALHO RIBEIRO
Médico; Psicanalista; Doutor em psicanálise pela Universidade Paris 7; Professor do Programa de Pós-Graduação em Psicologia da UFMG; Autor do livro *O problema da identificação em Freud* (Escuta, 2000).
e-mail: icaro.bhz@terra.com.br

REGINA HERZOG
Psicanalista; Professora Associada do Instituto de Psicologia da UFRJ (Programa de Pós-Graduação em Teoria Psicanalítica); Bolsista de Produtividade em Pesquisa/CNPq.
e-mail: rherzog@globo.com

SUZANA FALEIRO BARROSO
Professora da Faculdade de Psicologia da PUC-MINAS; Doutoranda do Programa de Pós-Graduação em Teoria Psicanalítica da UFRJ; Psicanalista membro da EBP e da AMP.
e-mail: suzanabarroso@terra.com.br